# 最強の時短仕事術46

年間500時間得する！
超絶テクニック

越川慎司

ぱる出版

# はじめに

時短術を学んだのに、残業が続いている。
時短術を実践したのに、上司や周囲から評価されない。

このような悩みをお持ちではないですか？
でも、もう大丈夫。

同じ悩みを抱える2万人に再現できた手法を本書ではまとめています。
あなたと同じように頑張っているのに成果が出なかった人たちが時短に成功しています。

本来目指すべき「最強の時短仕事術」は、単なる時間を短縮するだけの手法ではなく、より質の高い仕事を効率的に行うためのものです。それは、「時間の使い方を最適化すること」であり、「仕事をスムーズに進めるための環境を整備すること」であり、「自分自身そしてチームのパフォーマンスを高めるための心身の状態を管理すること」でもあります。

本書では、これらの観点から46の時短術を厳選し、具体的な実践方法とその効果を説明します。これらの時短術は、現場で働く多くのビジネスパーソンから得た経験や知識に基づいています。**過去6年間で815社総計17万人を対象とした言動データと約2万人の再現実験によって得られたデータを基にして確立した時短仕事術を紹介します。**クライアント企業800社で実施した行動実験の結果を合計すると、少なくとも一人当たり年間500時間以上の時短となりました（例：社内会議を25％削減で年間165時間、資料の差し戻し削減で年間48時間削減など）。

また、私自身そして私が経営する会社のメンバーが実践して週休3日を6年継続。日本の年間労働時間の平均は1607時間（2021年）に対して、私（および弊社メンバー）の年間労働時間は1095時間ですので、差は512時間になります。厳選した46の時短術は、あなたの状況やニーズに応じて選び、カスタマイズすることが可能です。すべてを一度に実践する必要はありません。まずはあなたの悩みに直接対応するものから試してみてください。

時短術の中には、瞬時に結果が出るものもあれば、時間をかけて徐々に効果が表れるものもあります。しかし、それぞれがあなたの時間をより有意義に使うための一歩となります。大切なのは、一度にすべてを実行しようとせず、自分自身のライフスタイルやニーズに合わせて、一つひとつをじっくりと取り組むことです。

時短術は、単に時間を節約するだけではなく、自身の成長をもたらします。時短術を学び、実践することで、あなたの仕事はスムーズに進み、上司や同僚からの評価も高まるでしょう。また、時間的な余裕が生まれれば、自分自身のスキルアップや新たな挑戦をする時間も増え、長期的なキャリアの開発にも役立つでしょう。

本書におさめた時短術を実践することで、自分自身が取り組むべき課題を理解し、自己啓発を行う絶好の機会になります。本書を読み進めながら内省することで、自分が何に時間を使っているのか、どの作業に時間がかかっているのかを理解することができます。自分の時間の使い方を改善するための新たな視点を見つけることができるのです。

さらに、本書の内容はビジネスだけでなく、プライベートの生活にも応用可能です。自分自身の時間を効率的に管理し、生活の質を向上させるためのヒントが満載です。

本書が、あなたの仕事や生活における「時短」を実現する一助となることを心から願っています。そして、あなたが自身の働き方や生活の質を改善するための新たな視点を見つけ、それを実践することを強く応援します。これから紹介する時短術は、あなたが自分自身の生活をより有意義に、より豊かにするための具体的なツールです。そのツールは、仕事の効率化だけでなく、自分自身の成長という視点からも見ることができます。新しいスキルを習得したり、新しい視点を持つことで、あなた自身の価値を高めることができます。

この本が、あなたが自分自身の時間を効率的に使うためのガイドとなり、ワークとライフの質を高めることを願っています。新たな発見と改善を求めて、あなたの時短の旅がこれから始まります。

◎目次



第1章

# 時短術を学んでも残業沼から抜け出せない現実

第2章

# 時短マスターの極意 準備で9割決まる



第3章

# 時短を叶える時間割の極意

## 第4章 会議時短テクニック

## 第5章 資料時短テクニック



## 第6章 メール時短テクニック

## 第7章 チーム時短テクニック

第8章

## 集中力UPテクニック



第9章

## 休み方テクニック

# 第1章

# 時短術を学んでも残業沼から抜け出せない現実

頑張っているのに、長時間労働から脱却できないケースはあります。また、仕事の量が単純に多すぎるという場合もあります。あなたができるだけ効率的に仕事をこなそうとしても、タスクの量が時間を超えている場合、結局は時間を超過してしまいます。これは特に、新しいプロジェクトや役職、または人員不足によって仕事の量が増えた場合によく見られます。

時短術を実践していない場合、もしくは正しい時短術が実践できていない場合は、仕事の効率を高めることはできません。では正しい時短とは何なのか。具体的に解説していきます。

## 時短は目的ではなく手段

私は20年以上にわたり時短仕事術を研究しています。現在私が経営する株式会社クロスリバーでは、メンバー全員が週休3日で週30時間しか働いていません。それでも売上と利益は上がっているため、時短の方法を学び実践できていると思います。今回は私自身の経験だけでなく、**クライアント企業の各社で実践されて成果が出ている時短術を紹介していきます。**つまり、再現性が高いものを厳選しています。

ただし、時短を目的としてしまうのは良くないと考えています。時短は手段であるべきです。例えば、60分かけて行うべき仕事を30分で終える場合、生み出された30分をどのように活用するかが本質的な時間生産性です。また、時短を目的にしてしまうと、本来やらなくても良いことまで時短してしまうことがあります。

例として、家事や洗濯が挙げられます。洗濯板で手洗いをする場合、手順を工夫することで20%早く終えることができますが、そもそも洗濯板で手洗いが必要かどうかが問題です。洗濯機を利用すれば、手間はかかりませんし、その間に他の仕事ができます。また、高級なTシャツなどはクリーニングに出すことで、手間とリスクを減らすことができます。

時間を短くすることだけを目的にしてしまうと、本来やらなくても良いことまで手がかかることがあります。そのため、時短を適切に活用することが重要です。

仕事の時短において、まず最初に大切なことは、仕事の見極めです。相手の期待値を確認し、目的を理解して適切な仕事をこなすことが重要です。次に、やる気が出るのを待たずに仕事を始める習慣を持つことが大切です。これにより、初動を早めて効率的に仕事ができるようになります。

そして、適切な仕事を選び、早い初動を切った上で、時短を意識することが重要です。時短を最初に考えると、不必要なことに時間を浪費する可能性があります。**見極め、初動、時短の3つのステップを意識して、時間をコントロールすることが大切です。**

この3つのステップを実行することで、自分がコントロールできる時間が増えることが最終的な目標です。時短を手段として活用し、自分の時間を生み出すことを目指してください。

まず第一に、内省（振り返り）を行い無駄な要素を見つけ出すことが必要です。その次に、仕組み化を進めて初動を早めたり、他の人を関与させたりすることです。最後に、作業効率を高めるために作業を実施します。これらが時短術の基本です。

正しい時短術は内省による業務の棚卸しからスタートし、仕組み化を進めていくステップを踏むことです。必要な作業に絞ったら、その作業時間を短縮することが本質的な時短です。作業に取り組む前に、必要な要素が把握でき、期限や成果に関して明確なゴールを理解しながら作業を進めることが重要です。

## 無駄な時間なんてない

無駄だと思って使っている時間なんてないのです。良かれと思ってやっていたことが、たまたま無駄だったのです。それは、ある瞬間に感じた結果かもしれませんが、それぞれの行動や経験はすべてが自身の成長につながっています。しかし、限られた時間で成果を出すためには内省、によって浪費した時間を見つけ出すことが大切です。自分が何に時間を使っているのか、その行動が目標達成にどのように関係しているのかを把握することが、時短の第一歩です。

「無駄であった」と感じた時間も、内省や見直しのきっかけとなり、それが次の行動改善につながるならば、それは決して無駄ではないのです。時には間違いを犯し、失敗することもありますが、それが新たな発見や気づきを生みます。なぜなら、失敗から学ぶことは成功体験から学ぶこと以上の価値があるからです。

自分が何に時間を使い、どの行動が最終的な成果につながるのかを理解することで、より効率的な時間管理が可能になります。そうすることで自分の時間の使い方を最適化し、仕事の効率と成果を高めることができます。

また、時間の使い方を見直すことで、「無駄だ」と思っていた時間が、実は貴重な投資時間であったことに気づくこともあります。例えば、**仕事で一日を終えて疲れて帰宅した**

**後の、一見何も生産的ではないと思われる時間も、それはそれで大切な時間です。それは自己回復の時間であり、次の日の活動のためのエネルギーを蓄積する時間なのです。**

私たちが過ごす一日24時間の中の、どの瞬間も大切です。時短術とは、その一瞬一瞬をどのように活用するかを学ぶことです。そして、その結果、あなたが「無駄だ」と感じていた時間が、実は大切な成長の種であったことを実感するでしょう。時短術を活用するためには、まず自分自身の時間を見つめ直し、そのすべてが自己成長につながる価値ある時間であると理解することから始めましょう。

最強の時短術は、時間の価値を理解し、その一瞬一瞬を最大限に活用することに意味があるのです。それは単に仕事を早く終えるための技術ではなく、自己成長と生産性向上のための哲学です。そして、その哲学を身につけることで、あなたは仕事だけでなく人生全体においても、より豊かで有意義な時間を過ごすことができます。

# 時間の使い方は3つ

時間の使い方は、消費・投資・浪費の3つです。時短仕事術を実践するためにはこの3つの使い方を意識してください。なぜなら時間の使い方を意識することで、効率的な働き方が可能となり、パフォーマンス向上につながるからです。消費型の時間は、日常的な業務やタスクをこなす時間であり、一定の成果が得られるものです。投資型の時間は、自己成長やスキルアップにつながる時間であり、将来的に効果が発揮されます。一方、浪費型の時間は、成果につながらない無駄な時間です。

時短仕事術を実践するためには、消費型の時間を効率的に活用し、投資型の時間を大切にし、浪費型の時間を減らすことが重要です。まず、消費型の時間を効率的に活用するためには、仕事の優先順位を明確にし、タスク管理を行いましょう。これにより、必要な仕事を効率よく進めることができます。

また、投資型の時間を大切にするためには、自律学習やスキルアップに時間を割くことが大切です。例えば、業務に関連する知識を学ぶ時間や、新しい技術を習得する時間を設けることで、将来的に仕事の効率や成果が向上します。

さらに、浪費型の時間を減らすためには、自分の時間の使い方を把握し、無駄なタスクや業務を見直すことが重要です。浪費に該当する会議や資料の作成は、定期的に内省を行うことで見つけ出すことができます。週に15分だけスマートフォンやＰＣのカレンダーアプリを見て、「良かれと思ってやったが成果にはつながらなかったこと」を見つけましょう。**800社以上のクライアント企業に所属する従業員約17万人に週15分の振り返りをしてもらったところ、平均で11％もの浪費時間を削減することができました。**

このように、時間の使い方に気付くことで、時短仕事術を実践することができます。具体的には、以下のポイントに注意して取り組むことが効果的です。

1. タスク管理を徹底することで、消費型の時間を効率化しましょう。
2. 投資型の時間（知識やスキルの習得の時間）を有効活用しましょう。
3. 時間の使い方を把握し、浪費型の時間を減らすよう努めましょう。

時短仕事術を実践することは、個人の生産性向上だけでなく、チーム全体の働き方改革にも貢献します。時間の使い方を意識し、消費型・投資型・浪費型の時間をバランスよく配分することで、効率的で働きがいを感じながら仕事ができるようになります。また、チーム全体で取り組むことで、より効果的な働き方改革が実現できます。このような時短仕事術を継続的に実践することで、ビジネスパーソンが持続可能な働き方を築くことができます。

## 効率＋効果で評価される

最強の時短仕事術は、時間削減で終わりません。それは、効率と効果を両方上げないと評価されないからです。なぜなら、時間削減だけで終わると、それは単に仕事を早く終わらせるだけの努力にすぎません。それは一時的な対策であり、根本解決になりません。

効率と効果を両立させることができれば、組織全体の生産性を向上させることができ、自身の業績だけでなく、チームや組織全体の成功にも貢献することができます。

**時短仕事術は、単に自分の時間を守ることだけではなく、より少ない時間でより高い成果を出すための実践法です。**それは、時間管理だけでなく、質の高い成果を生み出すための戦略的思考法です。それには、時間を有効に使うためのスキル、優先順位を明確にするための判断力、そして複数のタスクを効果的に組み合わせるための調整能力が求められます。

**あなたが朝一番に集中力を高めることができるのであれば、その時間を創造的な仕事や高度な分析を要するタスクに使うべきです。一方、体力が落ちてくる午後には、ルーチンワークやメールの確認など、脳のエネルギーをそれほど必要としない作業を行うのです。**

また、自分のエネルギーレベルとタスクの重要度を見極め、一日の中で最も価値のある成果を生み出す時間を作り出すことで効率と効果がともに向上します。

このように、時短仕事術は、時間の使い方を最適化し、自己のパフォーマンスを最大化するためのツールです。時間削減だけでなく、効率と効果の向上を目指すことで、時短仕事術の本来のメリットを享受できます。単に時間を節約するだけでなく、あなたの仕事の価値を高め、あなた自身のキャリアを向上させることになります。

## 覚えたキーボードショートカットは62%使われない

キーボードショートカットは、コンピューターソフトウェアやウェブアプリケーションの操作を効率化するために開発されたものです。これらのショートカットは、マウスやメニューを使う代わりに、キーボードのキーの組み合わせを押すことで、特定のタスクを素早く実行できるように設計されています。

しかしながら、弊社クロスリバーが2019年に7,645名を対象にした調査によると、覚えたキーボードショートカットの62%が実際には使われていないことが明らかになりました。これは、多くの人々がキーボードショートカットの存在を知っているものの、日常的に使いこなせていないことを示しています。

この状況の背景には、いくつかの理由が考えられます。まず、多くの人がキーボードショートカットの存在自体を知らないか、どのショートカットがどの機能に対応しているかを覚えるのが困難だと感じていることが一因だと考えられます。アプリケーションには、多数のショートカットが存在し、それらをすべて覚えるのは容易ではありません。

また、マウスやタッチスクリーンの普及によって、直感的な操作が可能になり、一部のユーザーがキーボードショートカットを必要としなくなっていることも影響しているでしょう。特にスマートフォンやタブレットのようなデバイスでは、画面上でのタップやスワイプ操作が主流であり、キーボードショートカットの使用頻度は低くなっています。

さらに、キーボードショートカットを使わない理由として、慣れの問題も挙げられます。人間は習慣を変えることが難しい生き物であり、既にマウス操作や画面上のボタンをクリックすることに慣れている場合、新たにキーボードショートカットを覚える意欲が低くなることがあります。

このような状況を改善するためには、キーボードショートカットの利点を理解し、自分にとって有益なものを選び、継続的に練習することが重要です。自分に必要なキーボードショートカットを選び活用することで、自身の作業効率が向上し、タスクを迅速に完了させることができるようになります。

第2章

# 時短マスターの極意
# 準備で9割決まる

事前の準備は、自己管理能力の向上にもつながります。仕事時間中に自分の能力を最大限発揮するために計画を立てることで最強の時短術を実現できます。計画を立てることで、自分自身で時間とエネルギーをコントロールできるのです。一日の始まりをどのように始め、どのように準備すれば、出社後にフルパワーで働くことができるのか。勤務時間だけでなく、一日を通して計画をたてないと、仕事で成果を出し続けることが難しくなります。

**最強の時短仕事術は準備で9割決まります。事前に計画を立て、必要なツールや情報を整えておけば、作業効率が大幅に向上します。**「努力より準備」。時短術を実際に活用して成果を出している優秀な社員たちは、このように発言します。ひたすら努力するのではなく、成果を出すためにしっかり準備していると言うのです。

例えば、プレゼンテーションの準備を考えてみましょう。事前に話す内容を整理し、スライドのデザインや構成を考え、リハーサルを行うことで、本番でのスムーズな進行が可能になります。また、予期せぬ問題が発生した場合でも、適切な準備があれば対処することができます。

また、日々の業務においても準備が必要です。一日の作業開始前に、その日に行うべきタスクをリストアップし、優先順位をつけておくことで、作業の順序を決め、無駄な時間を減らすことができます。また、必要な資料やツールを事前に準備しておけば、作業中にそれらを探す手間を省くことができます。

さらに、会議においても、事前にアジェンダを共有し、必要な資料を準備しておくことで、会議の効率を大幅に向上させることができます。また、事前に目的とゴールを明確にすることで、会議が無駄に長引くのを防ぐことも可能です。

また、準備というのは単に物理的な準備だけでなく、精神的なものも含みます。作業に入る前に、短い時間でもいいので集中力を高めるためのリラクゼーションタイムを設けることも有効です。これにより、仕事の質を確保しつつ、効率的に作業を進めることが可能になります。

準備の一環として、自分の能力やリソースを適切に評価することも大切です。自分が何を得意とし、どのタスクに時間がかかるのかを理解することで、効率的なタスクの分担やデリゲーション（権限委譲）が可能になり、全体としての業務効率が向上します。

これらの例からもわかるように、準備が整っていれば、仕事の効率は大幅に向上します。そのため、最強の時短仕事術を実現する上で、準備は9割と言っても過言ではありません。この章では、時短術を発揮するための具体的な準備方法をお伝えします。

## 報酬イメージングで確実に実行

我々が目指す結果、つまり「報酬」を明確にイメージすることで、行動を起こしやすくなり、自分自身を前向きに動かす原動力となります。報酬とは、自分が目指す目標を達成したときに得られる結果や感情のことを指します。

では、時短の作業術を実践することで得られる報酬とは具体的には何でしょうか。それは、例えば業務を効率化し、早く終えることで得られる自由な時間です。この自由な時間は、自分自身のための時間として使うことができます。趣味に没頭したり、家族や友人との時間を充実させたり、さらには新たな挑戦を始めたりすることも可能となります。そういった自分だけの時間を具体的にイメージし、その実現に向けて自分自身を鼓舞することができます。

また、時短を実現することで、プロジェクトの進捗が早まり、結果的に昇進や昇給につながる可能性があります。達成感や成功体験を積み重ねることで、自信がつき、さらなる高みを目指す力が生まれます。そのような前向きな成長のイメージが、時短術を継続して取り組む力となります。

このように、自分が得ることができる報酬を具体的にイメージすることが、時短の作業術を継続する上でのモチベーションとなります。自分が達成したい目標や、その結果得られる報酬を明確にイメージすることで、自然とやる気が湧き、作業に取り組む意欲が高まります。このような報酬のイメージによって、作業効率を向上させ、時短につなげることができます。

時短を達成するためには、具体的な目標設定が欠かせません。目標を明確に設定し、それに対する期限を決めることで、焦点を絞り、短時間で成果を出すための意欲が向上します。具体的な目標は、達成したい結果を視覚化し、行動を引き出すきっかけとなります。そして、その目標に対する期限の決定は、行動を促進し、作業の優先順位を明確にする役割を果たします。その結果、作業効率が上がり、時短に成功することができるのです。

また、日々のタスクを振り返る習慣を持つことも、作業効率向上に役立ちます。作業終了時や一日の終わりに、その日のタスクを振り返り、達成できたことや改善点を見つけることで、自己評価と自己改善が促されます。これにより、次の作業に向けてより効率的なアプローチが可能となり、時短が実現します。

さらに、報酬イメージングは個人だけでなく、チーム全体の生産性向上にも寄与します。

チーム全体で時間の節約と効率化の目標を共有し、その達成に向けた報酬をイメージすることで、チーム全体のモチベーションが向上します。これは、チーム全体の生産性を向上させ、プロジェクトの成功率を高める効果があります。

このように、報酬イメージングは、求める結果を明確に視覚化し、その達成に向けた行動を促す強力なツールとなります。そして、それは自分自身の時間をより有意義に使い、人生の質を向上させるための一歩となります。業務の効率化だけでなく、自己成長や人生の充実にもつながるこの報酬イメージングを、ぜひあなたの時短仕事術に取り入れてみてください。

**ココがポイント**

- **時短によって得られる報酬（メリット）を具体的に想像することで意欲が高まり作業を効率化できる**
- **達成に向けた行動を促すこともでき、自己成長にもつながる**

# タスクを小さなステップに分ける

やる気が出ずに、なかなか仕事に取り掛かることができないことがあります。特に苦手なものや初めての作業は行動ハードルが高くて不安になってしまいます。タスクに取り組む際に、具体的に何をやったらよいのかが見えない状況であると、こうした不安が出てきます。そこで、プロセスを見える化することで、こうした不安を取って初動を早めることができます。

プロセスを書き出して見える化して、作業を小分けにしてみてください。この方法では、まず全体のプロジェクトやタスクを細かいステップに分解し、その各ステップを個別の作業として捉えます。このアプローチにより、作業を効率的かつシステマティックに進めることができるようになります。

具体的には、プロジェクトやタスクの最初から最後までの流れを明確に把握することが重要です。これによって、どのような作業が行われるべきか、どの順序で進めるべきかが見えるようになります。また、このプロセスを書き出すことで、無駄な作業や効率化の余地がある部分を見つけやすくなります。

次に、各作業に具体的な期限を設定し、それを遵守することにフォーカスします。期限を設定することで、作業を遅延させることなく、効率的に進められるようになります。さらに、優先順位を決めることも重要です。どの作業が最も重要で、どれが後回しにできるのかを明確にすることで、時間を効率的に使うことができます。

また、作業を小分けにすることで、集中力を維持しやすくなります。一度に大きなプロジェクトをこなそうとすると、疲労やストレスが溜まり、集中力が低下してしまうことがあります。しかし、作業を小分けにして進めることで、一つひとつのタスクに集中し、効率的に作業を進めることができます。

さらに、進捗状況を把握しやすくなります。各ステップが完了するたびに、達成感を得ることができ、モチベーションが向上します。また、チーム連携もスムーズに行えるようになります。それぞれの作業が明確になることで、チームメンバーが互いに協力し合い、効率的にタスクを進めることができます。また、他の部署や顧客とのコミュニケーションも円滑になり、全体の業務がスムーズに進みます。

作業を小分けにして進捗を見せていくことで、柔軟な対応が可能になります。予期せぬ問題や変更が発生した場合でも、プロセスの一部を修正することで対応できるようになります。このようなアプローチにより、臨機応変な対応が求められるビジネス環境での作業も効率的に行うことができます。

時短術は継続的に実践することが大切です。最初は効果が少なく感じられるかもしれませんが、継続して取り組むことで、徐々に時短の効果が表れるようになります。プロセスの可視化を継続して習慣にすることで、自然と作業効率が上がってきます。

ココがポイント

- タスクやプロジェクトのタスクを細分化して一覧に書き出すことで初動が早まる
- ステップごとに進捗状況を確認することで達成感を得やすく士気が上がる

# イライラを乗り越えて冷静さを手に入れる

時短仕事術を実践する際、最も重要なのは「冷静さ」を保つことです。プレッシャーやストレスが高まり、焦りやイライラが頭を覆うと、仕事の効率は著しく低下します。このような状況では、本来の目標を見失い、思考が停止してしまいます。目の前の仕事に集中しすぎて、全体像を見ることができなくなり、結果として、本来ならば先延ばしにしても問題ない作業を無理に進めてしまったり、逆に重要な作業を後回しにしてしまうといった事態が生じます。

こうした焦りやイライラは、エネルギーの浪費であり、自身の集中力を削ぐだけでなく、他者との関係にも悪影響を及ぼします。特にチームでの作業においては、怒りながら指示を出すと、相手との協力関係を壊す可能性があります。冷静な判断を優先し、お互いに利益のある関係を築くことで、作業はよりスムーズに、そしてより早く進むのです。

それでは、どのようにして冷静さを保つことができるのでしょうか。一つの方法は、デジタルデバイスから離れることです。特に朝、起きてすぐにスマートフォンを見ると、自律神経が乱れると言われています。**寝室にスマートフォンを置かず、朝起きてすぐにデジタルデバイスを見ないようにすることがおすすめです。**

代わりに、読書をしたり、何もしない時間を設けることで、自律神経が整い、一日を落ち着いて過ごすことができます。また、デジタルデバイスに頼らずにアナログな活動、例えば塗り絵をするなども自律神経を整える効果があります。

このようにして落ち着いてから働くことができれば、判断力が向上し、効率的に仕事がこなせるようになります。自律神経を整え、イライラしない状態で仕事に入ることが大切です。冷静な状態を作り上げることで、効率的かつ効果的な時間術を身につけることができます。

この精神状態を維持するために大切なのは、自分自身の状態を深く理解し、必要なときに一時停止をする習慣作りです。自分がイライラしているとき、それを自覚し、一度立ち止まって考えるのです。そうすることで、思考に集中し、エネルギーを無駄に使うことなく、仕事に取り組むことが可能となります。

この「立ち止まって考える」という行為が、時間の浪費を減らす原動力となります。その意識を持ち続けることが求められます。冷静な判断を最優先にし、短時間で成果を出すことを目指すことで、効率的な働き方が身につくでしょう。

また、冷静さを保つためには、自分自身の心と体の両方に対するケアも欠かせません。適切な休息とリラクゼーション、そして栄養バランスの取れた食事などを通じて、自分自身のエネルギーレベルを高めることも重要です。これにより、ストレスや焦りを感じることなく、自分自身の能力を最大限に発揮することが可能となります。

時短仕事術は、自分自身の内面的な状態を整え、効率的に働くことを目指すものです。

そして、その根底には「冷静さ」が必要となります。イライラや焦りを取り除く手段を会得することで仕事の効率性と効果性を高めることができます。イライラを防ぐのは性格ではなくテクニックです。

**ココがポイント**

- **心が乱れると思考と行動が乱れる**
- **イライラしたりせっかちにならない習慣作りが仕事効率を高める**

## 〝やる気スイッチ〟をオンにする習慣

時短仕事術を実践して成果を出していた人たちの多くは、「やる気スイッチ」を入れる習慣をあらかじめ作っていたことがわかりました。

「やる気スイッチ」を入れる習慣を作ることは、時間を有効に活用し、生産性を最大化する上で非常に重要です。クライアント企業８００社のなかで成果を出し続ける優秀なビジネスパーソンたちは、自分自身のやる気を最大限に引き出す方法を模索し、それを日常的な習慣として取り入れていました。

「やる気スイッチ」とは、自分自身でモチベーションを刺激し、心地よい仕事環境をつくり上げることです。これは、仕事の質を向上させ、メンタルヘルスを維持するという大きな効果をもたらします。さらに、仕事のストレスをポジティブなエネルギーに変え、働きがいを感じながら仕事に取り組むことが可能になります。

私が取材した優秀なビジネスパーソンの中には、「やる気スイッチ」を具体的にどのように入れているのかを教えてくれる人もいました。その一人、Aさんは、毎日の業務を始める前に、自分がその日に達成したい目標を明確にし、その目標に向かって取り組むことで、自分自身のやる気を引き出していると言います。

Bさんは、仕事の成果を予想し、その達成感を予想することで、やる気スイッチを入れています。これらの例からもわかるように、「やる気スイッチ」を入れる習慣とは、自己の内面に目を向け、自分自身を高める準備をすることに他なりません。

Cさんは、一日の始まりに好きな音楽を聞いたり、自分が達成したい目標を見直すことで自分自身のエネルギーを高めるようにしているそうです。

このように、自分だけの「やる気スイッチ」を見つけて、それを日常的に活用することで、仕事への意欲を高め、タスクに取り組む効率を向上させることが可能になります。

追跡調査をすると、やる気スイッチを入れる習慣は、自分だけでなく、周囲にも好影響を及ぼすことがわかりました。やる気スイッチを入れることで、自分自身がポジティブなエネルギーに満ち溢れ、そのエネルギーが周囲にも伝わり、チーム全体の雰囲気を良くしていました。やる気スイッチが入っている状態では、困難な課題に直面したときでも、それをチームで乗り越えるための解決策を迅速に見つけ出すことができるようです。

このように、自分自身が活力に満ち、仕事に対する情熱を保つことは、働き方を変え、生産性を最大化することに繋がります。これらを踏まえて、時短仕事術を実践する際には、「やる気スイッチ」を入れる習慣を作ることを強く推奨します。自己の成長、向上、そして組織全体の成功に好影響を与えるアクションであり、時短仕事術を成功させるための鍵であると言えるからです。

自分自身のやる気を引き出す方法を見つけ、それを日常的に活用することで、仕事の質を高め、結果的には自分自身のキャリアをより豊かにすることができます。そして、それはあなたがビジネスの世界で成功を収めるための道筋を示すだけでなく、仕事でもプライベートでもより充実させることにもなるでしょう。

ココがポイント

- 自分のモチベーションが高まるメカニズムを理解することで、ポジティブなエネルギーを生み出し、働き方に好影響を与える

# 目のリラックスが最強の作業環境を作る

作業環境が快適であれば、集中力が向上し、作業効率が高まります。目を疲れさせない作業環境を整えるためには、以下のポイントが重要です。

まず、適切な照明を確保しましょう。作業スペースには十分な明るさが必要ですが、あまりにも強い光は目を疲れさせる原因となります。自然光が入る場所を選ぶか、調光可能なデスクライトを使用して、適切な明るさを保ちましょう。

次に、ディスプレイの位置や角度を調整しましょう。画面が目線の高さになるように配置することで、首や肩の負担を軽減できます。また、画面との距離は約50〜70㎝が理想的です。遠すぎると目を細めてしまい、近すぎると目が疲れやすくなります。

ディスプレイの画面設定もチェックしましょう。明るさやコントラスト、文字の大きさを調整して、目に負担がかからない設定にしましょう。ブルーライトカット機能やフリッカーフリー技術を搭載したディスプレイを選ぶことも、目の疲れを軽減する効果があります。

適切な姿勢やエルゴノミクスに基づいた椅子やデスクを使用することも、作業環境の改善に役立ちます。適切なサポートを提供する椅子を選ぶことで、長時間の作業でも疲れにくくなります。デスクも高さ調節が可能なものを選ぶと、自分に合った高さで作業ができ、姿勢の悪化を防ぐことができます。

定期的な休憩を取り入れることも大切です。長時間の作業で目が疲れることは避けられませんが、こまめに休憩を取ることで疲れを軽減できます。**45分程度で作業を中断し5分程度の休憩を取り、遠くを見ることで目をリフレッシュできます。休憩中は軽いストレッチを行うことで、全身の疲れも解消できます。**

視力回復のためのエクササイズもおすすめです。目の筋肉を鍛えることで視力を維持し、目の疲れを軽減することができます。例えば、目を閉じた状態で目玉を上下左右に動かす、指を使って目の周りをマッサージするなどの簡単なエクササイズがあります。

**〈エクササイズのサンプル〉**

**①パームリング**

両手をこすり合わせて温め、温かい手のひらを閉じた目にかぶせます。数十秒間そのままリラックスして、目の筋肉を温めて休ませます。

**②目の筋肉ストレッチ**

目を上下左右にゆっくり動かします。次に、目を時計回り、反時計回りにゆっくり円を描くように動かします。各動作を5回ずつ繰り返します。

**③近くと遠くの焦点調整**

腕を伸ばして親指を立て、その親指をじっと見つめます。次に、親指から遠くの対象物に目線を移します。これを数回繰り返し、目の焦点調整機能を鍛えます。

作業の合間に目の保養になる緑色の植物を眺めることも効果的です。緑色はリラックス効果があるとされており、視線を緑に移すことで、目の疲れを和らげることができます。作業スペースに観葉植物を置くことで、目の疲れだけでなく、空気の浄化やリラックス効果も得られます。

さらに、適切な食事と睡眠を確保することも、目の疲れを軽減する上で大切です。ビタミンAやビタミンCなど、目に良い栄養素を含む食事を摂取しましょう。また、十分な睡眠を取ることで、目や全身の疲れを回復させることができます。

ココがポイント

● 照明やディスプレイの設定、エクササイズなどで目の疲れを軽減し作業効率アップ

# 第3章

# 時短を叶える時間割の極意

時短仕事術を実践するには、一日を通して計画的に準備することが大切です。そう、時短術の肝は努力ではなく準備なのです。仕事時間だけに意識を傾けるのではなく、働く前後の時間も有効活用することが重要です。例えば、一日の始まりには、精神を落ち着かせてその日のタスクを達成するための準備をしておきます。自分自身の体調管理やリフレッシュのための時間も忘れずに確保することで、仕事時間の効率が高まり、結果的に時短につながります。寝て起きて、から時短仕事術はスタートします。

## 7時間睡眠がもたらす驚きのパフォーマンス

私たちの日常生活の中で基本的で重要な要素の一つが睡眠です。働き、学び、成長するためには健康を維持するための基盤として十分な睡眠が欠かせません。しかし、多忙な生活を送る中では、睡眠の価値を理解し、適切な時間を割くことは、しばしば疎かにされがちです。

睡眠時間は、個々のパフォーマンスや健康に大きな影響を与えます。適切な睡眠時間を確保することで、集中力が増すため、仕事の効率が向上します。一般的に、成人にとって最適な睡眠時間は7時間とされており、この時間をしっかりと確保することで、十分な休息を取ることができます。

7時間の睡眠を確保することにより、以下のパフォーマンスが発揮されます。

①睡眠中に体内で行われるさまざまな回復作用が効率よく働くため、翌日の仕事に臨むためのエネルギーが十分に供給されます。また、疲労回復にも役立ち、仕事の質を向上させることができます。

②睡眠時間が7時間であることにより、深い睡眠やレム睡眠のバランスが保たれるため、記憶力や学習能力が向上します。これにより、新しい情報を効率よく吸収し、仕事に活かすことができます。

③充分な睡眠時間を確保することで、ストレスが軽減されるため、仕事に対するモチベーションが維持されます。また、ストレスによる健康リスクも減少し、心身共に元気で働き続けることができます。

④睡眠不足は、注意力や判断力の低下を招き、仕事中のミスや事故のリスクが高まります。十分な睡眠をすることで、これらのリスクを軽減し、安全かつ効率的な働き方を実現できます。

このように7時間の睡眠を確保することで得られるメリットは、仕事で最高のパフォーマンスを発揮するための基盤の一つと言えます。仕事の効率だけでなく、健康状態や心の健康にも好影響を与え、効率の高い働き方を継続するために十分な睡眠が必要なのです。

ただし、忘れてはならないのは、睡眠の質もその時間と同じくらい重要であるという事実です。寝る前のルーティンや寝室の環境は、睡眠の質に大きな影響を与えます。例えば、適切な湿度を保つこと、そして快適な寝具を使用することは、良質な睡眠を促進します。特に、ブルーライトは睡眠の質を低下させる可能性があるため、寝る前にスマートフォンやテレビなどのブルーライトを発するデバイスの使用は控えるべきです。

睡眠の価値を理解し、自分に適した睡眠環境を作り、質の高い睡眠を確保することは、私たちのワークとライフの質を向上させます。そして、睡眠は仕事の効率を上げ、時短仕事術を継続するために欠かせません。まずは、自分に適した睡眠環境やリラックス方法を見つけ、7時間の睡眠を目指すことから始めましょう。

**ココがポイント**

- **7時間の睡眠は、パフォーマンス向上、記憶力強化、ストレス軽減につながる**
- **良質で十分な睡眠は時短仕事術の基盤**

# 寝起きの10分で自律神経を整える

自律神経を整えると、仕事の生産性が向上します。自律神経の調整は、仕事への適応力を左右します。心と体の健康状態は仕事の生産性に直接影響を与えるからです。ここでは、寝起きの10分を使って自律神経を整え、一日を最適な状態で過ごす方法を説明します。

自律神経は、私たちの身体機能や精神状態を管理し、交感神経と副交感神経の2つの要素から成り立っています。これらは、それぞれ反対の役割を果たし、体内のバランスを保つ役目を担っています。交感神経は「戦うか逃げるか」の反応を引き起こし、体を活性化させ、ストレス状況に対応できるようにします。一方、副交感神経はリラクゼーションと回復を促し、体をリラックス状態にするという役割を果たします。

寝起きの10分という時間は、自律神経を調整し、心と体を最適な状態に保つのに最適な時間です。この時間を使って深呼吸やストレッチング、瞑想といったリラクゼーション活動を行うことで、副交感神経が活性化し、リラックス状態になります。仕事の準備時間である朝に心と体がリラックスすることで、仕事時間では交感神経が活性化し、集中力と創造性が高まって仕事の生産性が向上するのです。

一日が始まると、交感神経が支配的になり、活動的な状態に切り替わります。この状態では、問題解決や意思決定など、高度な判断力が求められる作業を効率的にこなすことができます。交感神経の活性化により、頭脳はスマートに動くようになり、思考することに適した状態となります。

しかし、この自律神経のバランスが崩れると、多くの問題が発生します。ストレス、疲労、不安、集中力の低下といった、生産性を低下させるさまざまな症状が表れます。このような状態は、仕事のパフォーマンスに悪影響を及ぼします。

したがって、寝起きの10分を利用して自律神経を整えることは、一日を通じて高いパフォーマンスを発揮するために重要です。この時間を使って深呼吸をしたり、体を伸ばしたり、静かな瞑想を行うことで、一日のスタートをリラックスした状態で切り替えることができます。

しかし現実は、多くの方は起きた直後からスマートフォンやテレビを見るという行動を取りがちです。このようなデジタル機器の使用は、頭をすぐに情報で満たし、交感神経を過剰に刺激し、焦燥感やイライラを引き起こす原因となります。そのため、寝室にはスマートフォンを置かず、アナログの目覚まし時計を利用するなど、朝の自律神経のバランスを整える工夫が求められます。

また、朝のこの時間を利用して、視覚的または聴覚的な刺激から遠ざかることも重要です。スマートフォンやテレビからの情報過多は、交感神経を刺激し、心と体を過度に緊張させます。そのため、この時間はデジタルデバイスから離れ、静かな環境で自分自身と向き合うことが推奨されます。

寝起きの10分を使って自律神経を整えることは、一日全体のパフォーマンスに対する影響だけでなく、健康状態を維持することに役立ちます。この時間を賢く使うことで、より良い仕事のパフォーマンスを達成し、ストレスや疲労を軽減し、全体的な生活の質を向上させることができます。

**ココがポイント**

- **寝起きの自律神経の調整が生産性向上への鍵**
- **デジタルデバイスをすぐに触らずリラックスモードへ**

# 出社前の5分でやらないことを決める

出社前の5分間は、その日の仕事に対するスタートラインとなる時間帯です。この短い時間をいかに有効活用するかが、その後の一日の生産性に大きな影響を与えます。そのため、ここでは、出社前の5分間で「やらないこと」を決めることについて、その有効性と具体的な方法について詳しく解説します。

まず、「やらないこと」を決めるとはどういうことなのでしょうか。これは、自分がその日に集中すべき仕事やタスクを明確にし、それに関係のない、または集中力を散漫にする可能性のある行動を避けることを意味します。これにより、自分の時間とエネルギーを最も重要な事項に集中することができます。**重要なことに時間と集中力を傾けることで、短時間で成果を出すことができます。**

出社前の5分間で「やらないこと」を決めるための最初のステップは、自分の優先順位を明確にすることです。これには、その日のタスクや目標、そしてそれに対する自分の役割を理解することが含まれます。こうした洞察により、無駄な時間を削減し、生産性を向上させることが可能となります。

その一方で、出社前の5分間で避けるべきことの一つとして、SNSやニュースサイトのチェックが挙げられます。これらの情報源は、気になる記事や投稿があればどんどん時間を吸い取られ、本来の目的から遠ざかるリスクがあります。また、これらの情報は一日の中で他のタイミングでチェックすることが可能なため、出社前の限られた時間には適していないと言えます。

さらに、メールのチェックも出社前の5分間で行うべきではありません。メールは、読むだけでなく返信するのにも時間がかかります。そのため、短い時間である出社前の5分間では、内容を誤解してしまったり、誤字・脱字を入れて返信してしまったりミスが増えてしまいます。メールのチェックは、出社後に十分な時間を確保して行うのが最適です。

また、プライベートな電話や会話も出社前の5分間では避けるべきです。これらの行動は、心が散漫になりやすく、仕事への集中力を低下させる可能性があります。プライベートな会話は、仕事の合間や休憩時間に行うのが望ましいでしょう。つまり、出社前の5分間は、その日の業務に集中するための時間として確保すべきです。

このように、出社前の5分間で「やらないこと」を明確にすることで、その日のスタートをスムーズにきり、生産性を高めることが可能になります。しかし、これらの提案はあくまで一例であり、個々の状況や環境によって最適な「やらないこと」は異なります。そのため、自分自身の優先順位や目標、環境を考慮して、最適な「やらないこと」を見つけることが重要です。

出社前の5分間を有意義に過ごすためには、「やらないこと」を決めることで、「やるべき重要なこと」も明確になります。その日の目標やタスクを再確認し、進行中のプロジェクトを整理することで、一日の流れを効率的に計画することができます。

また、出社前の5分間は、心身のリラクゼーションにも活用できます。深呼吸や簡単なストレッチなどを行うことで、心身ともにリフレッシュし、仕事に対する集中力を高めることができます。これらの短時間でのリラクゼーションテクニックは、出社前の短い時間を有意義に使うための方法の一つです。

出社前の5分間で「やらないこと」を決めることは、その日の生産性を高め、効率的に仕事を進めるための重要な戦略となります。これは、自分の時間とエネルギーを最も重要な事項に集中するための方法であり、一日をより効率的に過ごすための重要なステップと言えるでしょう。

**ココがポイント**

- **「やらないこと」を決めることは重要なタスクに集中することに**
- **出社前の習慣で正しい準備を**

## 眠気を制する者がビジネスを制す

眠気と仕事のパフォーマンスには因果関係があることが2．1万人の調査で明らかになりました。眠気を感じた方の94％が本来の能力を発揮できなかったと回答しています。一方、眠気が抑制されることで集中力が向上し、結果として作業効率がアップします。これは、同じ時間でより多くのタスクをこなすことができ、全体の作業時間を短縮することができるためです。

眠気を適切に管理することで、仕事中のミスを減らすことができます。眠気がある状態では、注意力が散漫になりやすく、結果としてミスが起こる確率が30％以上高まります。ミスがあると、修正などの無駄な時間が増えてしまいます。逆を言えば、眠気をコントロールすることで、これらの無駄な時間を削減し、全体的な時間効率を向上させることができると言えます。

また、眠気をコントロールすることで、疲労感を軽減し、仕事へのモチベーションを維持することができます。疲れが溜まっていると、仕事に対する意欲が低下し、業務の遂行が遅くなりがちです。しかし、眠気を適切に管理し、疲労感を抑えることで、仕事への意欲を維持し、タスクを効率的に進めることができます。

眠気を抑えるためには、生活習慣や環境を改善し、適切な休息を確保することが重要です。以下に、眠気をコントロールするためのいくつかの方法を挙げます。

**①良い睡眠習慣を確立する**：定期的な就寝時間と起床時間を設定し、週末も含めて一貫したスケジュールを守ることで、体内時計を整えることができます。

**②睡眠の質を向上させる**：寝室を暗くし、静かで快適な温度に保つことで、良質な睡眠を促進します。また、寝る前にリラックスする習慣を取り入れることも効果的です。

**③適度な運動**：定期的な運動は、エネルギーレベルを向上させ、ストレスを減らすことができます。ただし、寝る直前の激しい運動は避けるようにしてください。

**④カフェインやアルコールの摂取を制限する**：カフェインは覚醒作用があり、眠気を感じにくくなりますが、過剰摂取は睡眠の質を低下させることがあります。アルコールも、眠りを浅くさせるため、適量に抑えましょう。

**⑤適切な食事**：バランスの取れた食事を摂ることで、血糖値を安定させ、眠気をコントロールすることができます。特に、糖質の摂取量を適切に調整し、食事と食事の間隔も適切に保つことが重要です。

**⑥午後の仮眠**：短時間の仮眠（15〜20分程度）は、エネルギーを回復し、眠気を軽減する効果があります。ただし、長時間の仮眠や夕方以降の仮眠は、夜間の睡眠に影響を与えることがあるため、避けましょう。

**⑦明るい光を利用する**：昼間に太陽光を浴びることで、体内時計が調整され、眠気が抑えられます。

眠気をコントロールすることで、集中力の向上、仕事中のミスの減少、疲労感の軽減、そして仕事へのモチベーションアップをもたらします。

上記に挙げた7つの方法は個々の生活習慣や状況により効果が異なるため、試行錯誤を繰り返しながら最適な方法を見つけることが大切です。生活習慣を見直し、環境の改善、適切な休息を確保することで、眠気をコントロールすることを心がけてください。

**ココがポイント**

- **眠気をコントロールすることで、作業効率を上げ、ミスを減らし、修正時間が減少**
- **生活習慣の見直し、環境の改善、適切な休息の確保で眠気をコントロール**

## 〈コラム〉眠気と血糖値の関係

眠気と血糖値の関係は密接です。血糖値は、食事を通じて摂取した糖分が血液中にどれだけ含まれているかを示します。血糖値が上昇すると、エネルギー源として利用されるため、一時的に活動力が向上しますが、逆に血糖値が低下すると、エネルギー不足により眠気が生じることがあります。

以下は、血糖値と眠気の３つの因果関係です。

**①食後の血糖値上昇**：食事を摂取すると、炭水化物が分解されて血糖値が上昇します。これに伴い、インスリンが分泌されてエネルギーとして利用されますが、インスリンの働きにより血糖値が急激に下がることがあります。その結果、エネルギー不足となり、眠気が生じることがあります。

**②低血糖による眠気**：空腹時に血糖値が低下することで、脳に十分なエネルギーが供給されなくなります。その結果、眠気が生じることがあります。

**③高血糖による眠気**：長期的に血糖値が高い状態が続くと、疲労感や眠気が生じることがあります。高血糖は、血管へのダメージや脳の機能低下を引き起こすことがあり、これが眠気の原因となる場合があります。

血糖値を適切な範囲に保つことで、眠気を抑えることができます。食事のバランスを整え、糖質の摂取量を適切に調整することや、適度な運動を行うことが、血糖値のコントロールに役立ちます。

# ブレストのパワータイム、16時以降に隠された創造力

２１８社の行動実験で、ブレスト（ブレインストーミング＝アイデア出し会議）を夕方16時以降にすることで労働時間が減少する傾向にあることがわかりました。追跡調査の結果、時短に影響を与えたであろう要素は５つありました。

まず、１つ目の要素として挙げられるのが集中力の向上です。一日の業務が大部分終了した時刻である夕方16時以降にブレストを行うことで、参加者は他のタスクに気を取られることなく集中しやすくなります。これにより、**効果的に意見交換を進め、出されるアイデアの数が増えやすいことがわかりました。**さらに、一日の業務を終えた後の落ち着いた時間帯にブレストを行うことで、細部まで注意を払いやすくなり質の高いアウトプットが出やすいことも分かりました。

２つ目の要素は創造性の向上です。一般に、夕方16時以降は左脳が疲れてきて右脳が活性化しやすいとされています。右脳は創造的思考や直感的思考を担当しており、従来の枠組みにとらわれずに新しいアイデアを生み出す力があります。この時間帯にブレストを行うことで、固定観念にとらわれない革新的なアイデアが生まれやすくなることが分かりました。

３つ目の要素は、**夕方のブレストが締め切り効果を発揮することです**。夕方にブレストを行うと、参加者は自然と次の予定や退社時刻を意識します。これにより、余計な話題に時間を割くことなく、本題に絞って議論する傾向が強まり、ブレストの目的が達成されやすくなります。締め切り効果により、議論が効率的に進行し、時短にもつながります。

４つ目の要素は、夕方のブレストが翌日のアクションにつながりやすいという点です。夕方にブレストを行うことで、参加者はその日のうちにアイデアを整理し、翌日の業務に向けて準備を進めやすくなります。ブレストの結果を一晩寝かせることで、新たな視点や改善点が見えてくることもあります。翌日には、より具体的なアクションプランを立てて動きやすくなり、初動が早くなるという結果が見られました。

こうした効果を引き出すためには、チーム全員がブレストに参加しやすい環境を整えることも重要です。ブレストは、アイデアの出し合いや議論を活発に行うことで、業務の効率化とパフォーマンス向上を実現する有効な手段となります。そのため、参加者全員が自由に意見を出し、アイデアを発展させられる環境を作ることが求められます。

このように、夕方16時以降のブレストは時短につながるだけでなく、議論の効果を最大限に引き出すことができます。しかし、ブレストの成功は時間帯だけで決まるわけではありません。事前準備や議論のまとめ、評価と改善も大切です。これらを意識して実践することで、ブレストがより効果的になり、時短につながる可能性が高まります。

**行動実験の結果から、夕方16時以降のブレストが時短につながり、アイデアの質を向上させる可能性があることがわかりました。**チーム全員がアイデアを出しやすい環境を整えて議論を活発に行い、業務の効率化とパフォーマンス向上を目指しましょう。

ココがポイント

- 夕方16時以降は創造力が上がり、翌日のアクションにもつながりやすい
- ブレストは適切な時間帯を選び、効率と効果の向上を目指す

# お風呂で復元力アップ

時短術を駆使してフルパワーで働いた後は、心身ともに疲労が蓄積しているでしょう。この疲労を解消し、リセットしなければ、翌日も高いパフォーマンスで働くことはできません。ここで注目したいのが、入浴です。入浴は心身をリセットする手段として最適です。なぜなら、お風呂は私たちの日常生活の中でリラックスやリフレッシュをする場として重要な役割を果たしているからです。

お風呂に入ることで、心身の復元力を高めることができます。復元力とは、ストレスや疲れから回復し、元の状態に戻る能力のことを指します。この復元力は、個々の生活習慣や状態により異なりますが、それを向上させる方法の一つが、適切な温度で入浴することです。

お風呂の温度は、個人の好みや体調によって異なりますが、一般的には40～42℃が適切とされています。この温度帯では、血行が良くなり、筋肉や関節の緊張が緩和されることで、リラックス効果が高まります。また、適切な温度のお湯につかることで、自律神経のバランスが整い、復元力が向上します。

また、入浴中にアロマセラピーを取り入れることも、復元力を高める効果があります。アロマセラピーは、精油を使用して、香りを楽しむことで心身のリラックス効果やリフレッシュ効果を得る方法です。例えば、ラベンダーやユーカリ、ローズマリーなどの精油を、湯船に数滴たらすだけで、リラックス効果が得られます。こうしたアロマセラピーは、心身の疲れを癒し、ストレスを軽減する効果があることから、復元力を向上させる効果が期待できます。

さらに、お風呂に入る際には、深呼吸をすることもおすすめです。深呼吸は、酸素を効率的に体内に取り込むことができ、リラックス効果が高まります。深呼吸は活性酸素の生成を抑え、ストレスから体を守る効果があります。お風呂に入る際に、深くゆっくりと息を吸い、ゆっくりと息を吐くことを繰り返すことで、心身がリラックスし、復元力が高まります。

お風呂でのストレッチやマッサージも、復元力を高める効果があります。お湯に浸かることで筋肉が温まり、柔軟性が向上するため、お風呂でのストレッチは効果的です。特に、肩や腰、足などの疲れやすい部位にストレッチを行うことで、筋肉の緊張がほぐれ、血行が促進されます。これにより、疲れが回復しやすくなり、復元力が高まります。同様に、マッサージは血行を良くし、筋肉のコリを解消することで疲労感を軽減します。

お風呂はメディテーション（瞑想）の場としても利用することができます。ゆっくりとお湯に浸かりながら、自分自身の存在を感じ、一日の出来事を振り返る時間を設けることで、気持ちの整理も行うことができます。このような意識的なリラクゼーションは、復元力を高めるだけでなく、自己理解を深め、自己成長にもつながります。

お風呂でのリラクゼーションや復元力向上の効果を最大限に引き出すためには、入浴前の準備も重要です。例えば、バスタイムの時間を設け、バスグッズを準備する、バスローブやタオルを心地よいものにする、部屋の照明を落としてリラックスムードを作るなど、しっかり準備することで、より一層のリラクゼーション効果が期待できます。

また、入浴後のケアも忘れてはなりません。湯上がりには、しっかりと水分を補給し、乾燥を防ぐためにスキンケアを行いましょう。こうした一連の流れが、心身の復元力を高め、日々の生活を支えるエネルギーを生み出すのです。

このようにお風呂で復元力を高めることは、仕事でもプライベートでも健康で過ごすために役立ちます。適切な温度のお湯に浸かり、深呼吸やストレッチを行うことで、心身の疲れを癒し、ストレスを軽減して翌日に備えることができます。また、リラックスする時間を確保することで、メンタルヘルスに好影響をもたらします。

しかし、ここで忘れてはならないのは、お風呂でのリラクゼーションや復元力の向上は、健康的な生活習慣や適度な運動、栄養バランスの整った食事などと並行して行うことが大切だということです。入浴だけでなく、全体的なライフスタイルの改善が、真の心身の復元力を生み出す鍵となります。

以上のように、お風呂は単なる清潔を保つための場所だけではなく、仕事での疲れを取り、翌日の活力を生み出す場所と言えます。フルパワーで働く私たちにとって、お風呂は復元力を高めるための最適な空間なのです。

**ココがポイント**

- **入浴は心身の復元力を高める機会**
- **お風呂時間は、自分と向き合い、自己理解と成長にもつながる**

# 寝る前1時間のルーティン

入浴以外にも寝る前1時間のルーティンを作ることは翌日の準備として重要です。一日の終わりに、心と体をリフレッシュし、疲れを癒すことで、翌日に活力とエネルギーを持って臨むことができます。特に、忙しい日々を駆け抜けているビジネスパーソンの皆さんは、この時間を有意義に過ごすことがますます重要になっています。以下に、この時間を有効に使うためのアクションを紹介します。

まず、寝る前の時間帯には、デジタルデバイスから意識的に距離を置くことが大切です。スマートフォンやタブレットなどから発生するブルーライトは、脳を覚醒状態に保ち、睡眠の質を低下させることが科学的に証明されています。そのため、寝る前の1時間は、デジタルデバイスの使用を控え、心と体のリラクゼーションとリカバリーに専念することをおすすめします。

次に、リラックスするための瞑想や深呼吸の練習を行うことがおすすめです。瞑想は、心を静め、ストレスを軽減し、精神的なクリアネスと平和をもたらす強力なツールです。また、深呼吸は、リラックス効果を高め、自律神経を整え、心拍数を減らすのに役立ちます。この時間に瞑想や深呼吸を習慣づけることで、睡眠の質が向上し、翌日の準備ができるのです。

さらに、寝る前の読書も、心と体をリラクゼーション状態に導くのに効果的です。特にフィクションや自己啓発書を読むことで、心と体の緊張をほぐし、リフレッシュすることができます。ただし、寝る前の読書では、過激な内容や難しいテーマは避けた方がいいでしょう。

また、適度な運動も寝る前のルーティンに取り入れると良いです。軽いストレッチやヨガは、筋肉の緊張を和らげ、リラックスさせる効果があります。筋肉がリラックスすることで、心地よい疲労感が生じ、深い睡眠を促します。ただし、激しい運動は逆に興奮状態を引き起こす可能性があるため、寝る前の時間帯は避けておきましょう。

寝る前に明日の準備をすることも、良質な睡眠につながります。明日の服装を選んだり、必要な書類や荷物を整理したりすることで、心に余裕をもたらし、翌朝の時間を有効に活用できます。これにより、朝の慌ただしさを減らし、一日をスムーズに始めることが可能になります。

また、寝る前に感謝の気持ちを持つことも、心地よい睡眠を促す効果があります。その日に感謝できることや、自分が成し遂げたことを振り返り、心に留めることで、ポジティブな気持ちを持って眠りにつくことができます。これは、自己効力感を高めることにもつながります。

寝る前1時間のルーティンを作ることは、心身の健康とパフォーマンスを高めるために非常に効果的です。デジタルデバイスから離れ、瞑想や深呼吸、読書、適度な運動、明日の準備、そして感謝の気持ちを取り入れたルーティンを習慣づけることで、心身のリフレッシュが図られ、翌日の仕事にも良い影響をもたらします。

**ココがポイント**

- 心身のリフレッシュとパフォーマンス向上のために寝る前にしっかり準備を
- 瞑想・深呼吸・読書・軽い運動・明日の準備・感謝の気持ちを取り入れ、質の高い睡眠を

# 第4章

# 会議時短テクニック

17万人を対象に調査したところ、1週間の労働時間のうち社内会議に費やす比率が45%もありました。この社内会議でどのような成果が出るのかを調査するために、会議室にカメラを設置して録画したり、オンライン会議の録画データを合計2万時間以上取得して分析しました。また主催者と参加者に対してもアンケート調査を行いました。すると、約37%の会議が想定どおりの成果が出ていないことがわかりました。

時短仕事術を推進するために着手すべきはこうした「成果が出ていない社内会議」の対処です。多くの場合、会議が長引く理由は明確な目的が設定されていない、参加者全員が必要な情報を事前に持っていない、または全員が必要ないにも関わらず参加している、といったことが挙げられます。これらを解消するためには、会議の目的を明確にし、必要な情報を全員が理解できるように共有することが重要です。

この章では社内会議を改善し、効率と効果を高める具体的なテクニックをご紹介します。

# 決定会議は午前11時まで

効率的な作業環境を維持するために時間管理は欠かせません。一日の中で最も重要な時間帯は「午前中」です。そして、その中でも特に重要なのが「午前11時まで」です。**この時間帯に決定会議を行うことで、ビジネスの効率と効果が大幅に向上するという事実が、私たちの再現実験によって明らかになりました。**クライアント企業２１８社での調査の結果、以下の４つの重要な効果を確認することができました。

## 1. 集中時間を確保できる

午前中の会議は、午後の業務に影響を与えることが少ないため、スムーズな業務遂行につながります。会議が終わった後、午後に向けてタスクを整理し、計画を立てることができます。これにより、午後の作業に集中しやすくなり、全体の業務効率が向上します。

## 2. 迅速なトラブル対応ができる

午前中に決定会議を行うことで、緊急事態やトラブルが発生した場合に、迅速に対応できる可能性が高まることが確認できました。もし会議が午後に行われた場合、緊急事態が発生した際に対応が遅れる可能性もありました。午前中に決定会議を済ませておくことで、問題発生時の対応力が高まり、全体の業務効率が向上することがわかりました。

## 3. 他部署との連携がスムーズになる

午前11時までに決定会議を行うことで、他部署との連携もスムーズになります。会議が早い段階で終われば、情報共有や連絡事項を早めに伝えることができ、他部署も対応が早まります。これにより、全体の業務の進行が円滑になり、時間の無駄が減少します。

## 4. メンバーのストレスが軽減する

午前中に決定会議を行うことは、働くメンバーのストレス軽減にもつながります。会議が長引くことによる疲労感や焦りが軽減され、仕事に対するモチベーションを維持しやすくなります。また、決定が早く下されることで、各メンバーの業務処理の計画が立てやすくなることが判明しました。

以上の４つの効果を通じて、午前11時までに決定会議を行うという行動は、時短だけでなく、業務全体の効率化に好影響を与えることがわかりました。それぞれの効果は相互に関連し合い組織全体としてのパフォーマンスを高めていきます。

さらに、このアプローチは、文化づくりや働き方の改革にもつながります。午前中に重要な会議を行うことは、タイムマネジメントの重要性を全メンバーに示すとともに、効率的な業務遂行のための規範を根付かせることになります。これにより、メンバー個々人が自身のタスク管理を改善し、業務の効率化を図ろうとします。

また、トラブル対応の迅速化や他部署とのスムーズな連携は、組織内のコミュニケーションを改善し、問題解決能力を向上させます。これにより、逆境に強い組織（レジリエンス）となり、変化するビジネス環境に迅速かつ効果的に対応することが可能になります。

さらに、メンバーのストレス軽減は、従業員満足度の向上、離職率の低下にも影響します。会議を通じてストレスを軽減することは、組織の生産性を高める上で重要です。

**ココがポイント**

**●午前11時までに決定会議を行うことは、業務効率化だけでなく、組織の健全性、社員の満足度向上などの多くのメリットをもたらす**

# キッチンタイマーで会議を25%削減

会議はビジネスの中で重要な役割を果たしますが、効率的な会議の運営は難しく、無駄な時間が生じることも少なくありません。予想以上に議論が長引き、予定時間を越えてしまうことが多いのが現状です。３７５社を対象にした社内会議の調査を行いました。驚くべきことに予定通り始まる会議は全体の43%しかなく、半分以上は遅れて始まっていたのです。また、社内会議の71%が60分でセットされていることがわかりました。多くの人が当然のように60分で設定しているのです。早く終えることができる会議も60分間使い切ろうとしてしまい、予定時間を越えてしまう傾向にあることがわかりました。**与えられた時間を使い切ろうとしてしまうことを「パーキンソンの法則」と呼びます。**

会議は長ければ良いというものではありません。長い会議は参加者の集中力を低下させ、議論の質を落とします。それに対して、短い会議は参加者の意識を高め、議論が集中し、決定が早まります。それならば、60分の会議を短縮できないかという考えのもと、87社で行動実験を行いました。

その実験の中で会議時間の効率化を目指し、60分で設定されていた会議時間を45分にしたところ62％の会議で成功しました。60分を45分にすることで単純に25％の時短ができたのです。会議時間を短縮したことにより参加者の当事者意識が高まり、結果的に議論が集中し、決定が早まりました。短い時間内で成果を出さなければならないという緊張感は、本質的な議論に集中する傾向になることを確認しました。

また、15分の余裕が生まれることで、次の会議までの移動時間や、会議の反省・振り返りの時間を確保できるようになりました。これにより、会議の質が上がり、次回の会議の準備もスムーズに行えるようになったのです。

この45分会議を成功させるために役立ったのが、キッチンタイマーでした。キッチンタイマーは会議の時間制約を具体的に視覚化し、音で知らせることですべての参加者に時間の経過をはっきりと認識させたのです。会議開始時に40分のタイマーをセットし、それが鳴るまでに議論を行い決定を下すようにしました。会議終了の残り5分で音が鳴ったら、まとめをして次のアクションの確認をするというルールを設けました。すると、参加者が時間内に結論を出すという目標に向かって効率的に話し合う傾向になることを確認できました。

**キッチンタイマーを用いた45分会議は、単に時間を削減するだけでなく、会議の質を向上させる効果もあります。**時間の制約があることで、議論が集中し、重要な議題に対する決定が早まります。また、会議の進行をタイマーで管理することで、すべての議題が適切に議論され、無駄な時間を避けることができます。

時間を図る道具としてキッチンタイマーを使った理由は2つです。1つは、残り時間が可視化されることです。特にアナログのキッチンタイマーの方が視覚的に残り時間がわかりやすくなることがわかりました。2つはコストパフォーマンスです。キッチンタイマーは100円ショップで調達可能で、自宅や職場の各会議室に設置しても大した金額になりません。導入ハードルを下げるためには、安価で効果が高いキッチンタイマーが最適だったのです。

キッチンタイマーを用いた45分会議は、会議の質と効率を同時に向上させることができました。必要最低限の時間で会議を行い、制限時間を意識することで生産性が向上します。合わせて会議に集中することにより、決定やアクションにつなげることが可能となります。

ココがポイント

●100円のキッチンタイマーで会議が間延びするのを防ぐことができる

# 24時間前にアジェンダを送る先手必勝法

会議の準備と進行において、アジェンダの役割は旅のしおりと同じです。アジェンダは会議の目的とプロセスを可視化することにより、参加者を安心させて時短の旅へと誘うことができます。アジェンダは会議の目的、議題、参加者の役割、期待される結果などを明確にするツールであり、それが適切に使用されると、会議はより効率的で生産的になります。特に、会議の開催の24時間前にアジェンダを参加者に送付することにより、参加者の当事者意識を高める効果が強まり、結果的に会議の時短が実現します。

アジェンダの事前共有は、参加者がアクティブな役割を果たすことができると感じるため、エンゲージメント（情熱的な参加）とオーナーシップ（責任を持つ態度）を高めます。こうすることで、会議は単なる情報共有の場から、問題解決に取り組むためのコラボレーションの場に変わります。これにより、会議の生産性が高まり、組織全体のパフォーマンスが向上します。

具体的なアジェンダが配布されることで、会議への参加意欲を刺激します。参加者は会議に向けてどのような議論に参加するのかをクリアに認識できるようになります。これは、会議自体の目的や議論の方向性について予め理解し、それに対する準備を行うことが可能になるからです。その結果、会議開始時に無駄な時間を避け、議論をスムーズに進めることができます。

アジェンダが事前に共有されることで、参加者自身が議題について予め考え、意見や提案を持ち込むことができます。これにより、会議中に新たな視点やアイデアを提供できる可能性が高まります。そのため、議論がより深く、より具体的な結論に至る可能性が高まります。これは、単に時短を実現するだけでなく、会議の質を向上させる効果もあるということです。

また、事前にアジェンダを共有することで、会議の開始と終了時間を明確に設定できます。これは、会議が予定時間を大幅に超えるという事態を避けることができます。参加者は、その他の仕事をスケジュールに組み込み、会議の時間を最大限に活用することが可能になります。また、会議が予定通りに終了することは、参加者が次のタスクに移るための余裕を作り、ストレスを軽減します。

アジェンダは参加者が自分の役割や責任を明確にします。これは、各参加者が会議で達成するべき目標を理解し、それに向けての準備を進めることを可能にします。また、アジェンダが明示されることで、会議の流れが理解しやすくなり、どの議題がいつ取り上げられるかを把握することができます。これにより、議論が計画的に進行し、会議がより効率的に運営されるようになります。

会議の結論に一貫性を持たせる傾向があることもわかりました。各参加者が議論の目的と結果を明確に理解し、自分の意見が全体の目標にどのように影響を与えるかを考えることができるからです。

事前に共有されたアジェンダは、会議の進行を円滑にするだけでなく、参加者が自分の意見やアイデアを表現しやすくします。具体的な議論の方向性を把握しているため、不必要な誤解や混乱を避けることができ、議論がスムーズに進みます。

このように、アジェンダを事前に共有することは、時短だけでなく、議論の質の向上、参加者のエンゲージメントの強化、時間管理の効率化など、会議の全体的な効果を高めるための重要な手段となり得ます。**会議の効率と生産性を最大限に引き出すためには、アジェンダの作成と共有を重視し、それを順守するルールを作ることが不可欠です。**

**ココがポイント**

**●アジェンダを確実に事前共有することで、議論の質と効率の向上、時短、参加者のエンゲージメント強化につながり、全体の生産性が向上**

# リアルタイム議事録で2・1時間を削減

議事録は、議論の内容を記録し、それを参加者や欠席者と共有するためのツールです。しかし一方で、議事録の作成は時間と労力を要しますが、その作成時間はしばしば過小評価されます。しかし、リアルタイムでの議事録作成によって、これらの問題を解決することが可能です。会議の進行中に議論の内容を記録し、その内容を参加者と共有することをリアルタイム議事録と呼びます。これにより、議事録の作成時間を大幅に短縮することが可能となります。

具体的には、OneNoteやNotionといったデジタルノートを使用して、議論の内容をリアルタイムで記録し、クラウド経由でその内容を参加者と共有します。これにより、議事録の確認時間が大幅に短縮されるため、結果的に作成時間が圧縮されます。

また、リアルタイムで議事録を共有することにより、会議に遅れて参加した人でも進行状況を把握することが可能になります。途中参加したメンバーでも議論の流れを理解し、スムーズに議論に参加することが可能となるためです。さらに、議事録を即座に共有することにより、参加者が議事録の修正や補足をリアルタイムで行うことができ、会議終了時点で議事録を完成させることが可能となります。

218社で調査したところ、1時間の会議終了後に議事録が完成するのに平均2・1時間かかっていました。同じ218社でリアルタイム議事録を実践したところ、平均で47%、最大70%短縮できたという結果が出ました。議事録作成にかかる時間を大幅に削減し、その時間を他の重要なタスクに割くことが可能となるため、生産性の向上に貢献しました。また、議事録をリアルタイムで共有することは、「内職」する人々を2割程度減少させる効果ももたらしました。「内職」とは、会議中に自分の仕事を進める行為を指しますが、これは会議の効率や参加者の集中力を低下させる可能性があります。しかし、リアルタイムで議事録を共有することで、議論の流れが常に明確になり、参加者が会議に集中しやすくなります。

このように、リアルタイムでの議事録作成と共有は、会議の効率化だけでなく、参加者のエンゲージメントの強化、議事録作成時間の短縮など、多くの利点をもたらします。それは、会議の運営をよりスムーズにして、かつ効果を高めることができます。

さらに、リアルタイム議事録は、情報の検索と管理の効率性にも影響を及ぼします。多くの企業では議事録をWordやExcelで作成し、それぞれのファイルをメール添付で修正依頼や配布をします。しかし、この方法では、過去の議事録を検索する際に時間がかかる場合があります。これに対して、OneNoteやNotionといったデジタルノートに議事録を保存することで、すべての議事録を一箇所で管理し、瞬時に横断的な検索を行うことが可能になります。これにより、議事録の検索にかかる時間を大幅に短縮し、年間約20時間もの「探す時間」を節約することが可能となります。

このように、リアルタイムでの議事録作成と共有は情報の検索と管理の効率化など、多くの利点をもたらします。これらの利点を最大限に活用することで、会議の質と効率を大幅に向上させることができます。

**ココがポイント**

●リアルタイム議事録は会議効率化の鍵。議事録作成時間の最大70％削減、内職者の2割減少、年間20時間の情報検索時間を削減

# 5分遅れスタートで感情共有

感情共有とは、参加者同士が自身の感情や思考を共有する行為です。これは人間関係の構築において、特に信頼関係の構築や深化に重要な役割を果たします。会議中に感情共有を行うことで、参加者は相手の視点や感情をより深く理解し、互いに対する理解が深まります。さらに、参加者同士で尊重の気持ちが生まれます。これにより、意思決定がスムーズに進み、衝突が起きる可能性が減少します。

また、感情共有はチームの一体感を高める効果もあります。共有された感情を通じて、参加者同士の絆が深まり、協力し合う意識が醸成されるのです。これが効率的な会議進行につながり、結果的に会議の時間短縮につながります。

さらに、感情共有は対立や誤解が生じた際の解決策としても機能します。相手の立場や感情を理解することで、問題解決が円滑に進み、より効率的な会議が実現できます。例えばブレインストーミングにおいては、感情共有によって参加者が自身のアイデアに自信を持って積極的に意見を出し合います。こうした環境になると、多様な視点やアイデアが集まり、より高品質な意思決定が行われます。

しかし、テレワークや残業抑制などの働き方改革の推進により、自然と行われていた感情共有の時間が減少しています。一方で、会議の時間は増えています。そこで提案したいのが、会議の最初の5分間を感情共有の時間とすることです。社内会議を5分遅らせてスタートし、その時間に感情共有を行うことで、効果的なコミュニケーションが実現し、意思決定が迅速かつ円滑に進むようになります。

感情共有の実践は容易ではありません。そのため、会議に早く集まった人たちと、ファシリテーター（会議の進行役）の存在が重要となります。ファシリテーターが参加者の状況を見て、全員が参加できるような雑談のテーマを決め、会話に入りにくそうな人がいればサポートします。雑談を通じて、参加者の間で感情が自然と共有され、緊張感が和らぐことで、より円滑なコミュニケーションが可能となります。

**この雑談を通じた感情共有を定期的に行うことで、チーム内のコミュニケーションが円滑になり、メンバー間の信頼関係が深まります。**これが、チーム全体の生産性や効率の向上につながり、結果的に時短に貢献することとなります。

社内会議を5分遅らせてスタートし、その前に感情共有を行うことにより、参加者同士の信頼関係改善につながります。そして、これが会議の効率を上げ、時短をもたらすだけでなく、チーム全体のパフォーマンスにも好影響を与えます。最初の5分間に雑談などで感情共有することは気軽にできますので、ぜひ実践してみてください。

**ココがポイント**

- **感情共有は信頼関係の構築に必要不可欠**
- **会議を5分遅らせてスタートして感情共有することで、効率的な意思決定と時短が可能に**

# 第5章

# 資料時短テクニック

資料作成はビジネスにおいて欠かせない作業であり、しばしば多くの時間を占めてしまいます。しかし、適切なテクニックを用いることで、その時間を大幅に削減することが可能です。その理由は、資料作成は一度にすべてを完成させる作業ではなく、部分部分の集積で成り立っているからです。各部分を効率的に作成し、それらを組み合わせることで全体の資料を作り上げることができます。

過去の資料を見直し、再利用可能な部分を見つけ出すことも有効です。これらの工夫により、資料作成の時間を大幅に短縮し、より重要な戦略的な作業に時間を割くことが可能となるのです。

この章でも具体的に時短術を紹介します。時短術を駆使して成果を出し続けている人の行動データを基に、５００社以上で再現実験した結果を紹介します。

# 入力作業を加速する時短テクニック

働く時間の大部分を占める入力作業の効率化は、全体の作業時間の圧縮に寄与します。598社の業務改善において効果が高かった入力時短テクニックを3つ紹介します。

1つ目は、当然ですが、タイピングスキルの向上です。特にパソコンにおけるブラインドタッチの習得は、画面とキーボードを頻繁に見比べる時間を省き、作業の速度を上げるだけでなく、作業中の疲労感も軽減させます。このスキルを身につけることで、日々の作業効率が大幅に向上します。

2つ目は、辞書登録です。特定の単語やフレーズを頻繁に使う場合、それらをユーザー辞書で事前に登録しておくことで、数回のキーストロークで短縮入力することができます。レポート作成やメール送信など、定型的な表現を頻繁に使用する場面では特に効果的です。

自分の名前や会社名、部署名など、日常的に使う固有名詞も登録しておくと良いでしょう。また、専門用語や業界独特の言葉も辞書登録しておくことで、誤変換を避けることができます。ただし、登録する単語やフレーズは必要最低限に留め、予測変換が混乱を招かないよう注意が必要です。

３つ目のテクニックは、音声入力の活用です。２０２３年に入ってから急速に音声認識の認識精度が高まりました。メールやレポート作成時に音声入力を用いることで、一気に入力速度を向上させることができます。移動中や他の作業をしながらでも音声メモとして記録でき、それを自動で文字起こしすることもできます。

また、パソコンの入力支援ソフトやブラウザの拡張機能も有効なツールとなり得ます。定型文を保存しておけるテキストエキスパンダー（注）や、入力した文章を自動的に校正してくれる校正支援ツールなどは、入力効率を大幅に向上させるだけでなく、ミスを防ぐ役割も果たします。これらのツールは、入力作業の効率化を追求する上で不可欠な存在となります。

（注）テキストエキスパンダー
短縮キーを入力することで、よく使う文章やフレーズを自動的に展開するテキスト自動入力ツール。テンプレートやスニペットとして保存したテキストを、キーボードショートカットや略語で呼び出すことができる。

さらに、スマートフォンのキーボードアプリには、自分の入力パターンを学習し、次回からの入力を予測してくれるものもあります。これを活用することで、独自の言葉使いや頻繁に入力するフレーズを素早く入力できるようになります。このような先進的なテクノロジーを利用することで、さらなる入力時間の削減が期待できます。もちろん、フリック入力も時短術の一つです。

これらの入力テクニックを全体的に見てみると、それぞれが異なるシチュエーションやタスクに対応しています。タイピングスキルの磨き方、辞書登録の使い方、音声入力の活用方法、そして各種の支援ツールの活用法を理解し、自分の作業スタイルに最適化することが求められます。最適なテクニックを自分で選び、日々の業務に適用することで、より効率的な時間管理が可能になります。こうした個別最適化が時短仕事術を実現するための重要なステップとなります。

**ココがポイント**

- **効率的な入力テクニック（タイピングスキル、辞書登録、音声入力、入力支援ツール）を駆使することで、作業時間を短縮**

# フィードフォワードで「作り直し」を74％減らす

フィードフォワードとは、完成前の資料や作品を見てもらい、提出先から先に意見をもらう手法です。このアプローチは、完成後の修正や「差し戻し」を大幅に減らすことができます。特に、「差し戻し」は、作成者と提出先の前提条件や視点が一致していないことが原因で起こります。フィードフォワードを用いることで、この不一致を早期に特定し、対応することが可能となります。

フィードフォワードは、作成者が自己満足に陥るのを防ぐ役割も果たします。作成者自身が良いと思っていたアイデアが、実際には受け入れられないことも少なくありません。フィードフォワードにより、作成者は受け入れ側の視点や関心を理解し、それに基づいた修正を行うことができます。また、不必要な作業を避けることで、作業効率は大幅に向上します。

資料作成の過程で最も効率が悪いのは、「差し戻し」です。何時間もかけて丁寧に作成した資料が、最後の段階で修正が必要となり、作り直す必要が生じるのは極めて非効率的です。これは、修正を指示する側にとっても大きな負担となります。フィードフォワードはその問題を解決します。例えば、作成中の報告書の途中経過を見せて、「先日依頼された資料ですが、このような感じで作成を進めています。イメージは合っていますでしょうか？　もし相違があれば、意見をもらえると助かります」と問いかけることができます。これにより、早期に意見の不一致を見つけ、迅速に対応することが可能になります。

相手に事前にフィードフォワードの意図と目的を説明し、許可を得ることが肝要です。フィードフォワードの目的は、作業者の効率を向上させるだけでなく、受け入れ側が必要とするものを的確に提供し、余計な作業を排除することにあります。必要以上にページ数や事例、データが増えることを防ぎ、作業時間を短縮することが可能となります。

65社2・1万人による再現実験で、差し戻しが74％減ることがわかりました。特に20代の方では、差し戻しが89％減るという結果が出ています。差し戻しは特に夕方に多く、残業につながる確率45％以上が高まることが判明しました。差し戻しがなくなれば、上司も部下も満足できる状況が整い、より健全な関係性を築くことが可能となります。

また、指示が頻繁に変わる上司のもとでも、フィードフォワードは効果的です。作業の途中経過を共有して、修正が必要な箇所を指摘してもらってメモを残しておきます。その指示に的確に対応することで、指示がブレることを抑止できます。これにより、無駄な作業を減らし、上司と共に共創することができます。

ココがポイント

● 作業の途中経過を共有し「差し戻し」を大幅削減

# 時間を生み出す「過去のひな形」活用

新たに資料を作成する際には、ゼロから内容を考え、デザインを作り上げるという時間と労力が必要となります。しかし、この作業を効率化するためのテクニックがあります。それが「成果が出たひな形を使う」方法です。商談や社内稟議、議事録などで成果が出たものをピックアップして流用するのです。ここでポイントは、効率ではなく効果を優先すること。つまり、なんでもかんでもひな形をパクるのではなく、**過去に成果が出て同じような成果が出せそうなものを選択することです**。その方が「成果の再現性」を期待できるからです。

例えば、社内会議やクライアントへ提出する報告書は、基本的なフォーマット（ひな形）が決まっていることが多いです。このような場合、過去に評価が高かったスライドをひな形として利用することで、作成時間の短縮と再び高い評価を得ることが期待できます。また、表やグラフのデザイン、文字のフォントやサイズなども、ひな形を使用すればそのまま利用できます。これにより、フォントやカラーなどの調整作業を省くことができます。

ひな形の利用は、資料全体の一貫性を保つという利点もあります。ひな形があらかじめ確認・修正されているため、新たに作成する資料もそれに準じる形となり、フォントの種類やカラー、そしてトーンがバラバラになることを防ぐことができます。また、同じプロジェクトやチーム内で資料を作成する際には、同じひな形を使うことで資料間の整合性を保ちやすくなります。

しかし、ひな形を使いまわす際には注意点もあります。過去の資料をそのまま使うと、古い情報がそのまま残ってしまう可能性があります。そのため、ひな形を使う際には、情報が最新のものであることを確認することが必須です。また、新たな視点やアイデアが少なくなることもあります。最新の情報や追加のアイデアを加えることで、資料はより鮮度が上がり、見る人を引きつける力も増します。これらのことを心掛けながらひな形を活用することで、効率化だけでなく効果を高めることができます。

さらに、ひな形を使うときには、その目的や対象者によって適切なひな形を選ぶことも大切です。過去に作成した資料を全く同じまま適用できるケースは少なく、少なからず修正が必要となります。しかし、基本的な枠組みがすでにあることで、どのように資料を構成すればよいかのヒントになり、作業時間を大幅に削減することができます。

このように、過去に成功したひな形を活用することで、資料作成の時間短縮はもちろん、資料の品質と一貫性の保持、そして情報の最新化と新たな視点の追加という点での効果も期待できます。また、ひな形の効果的な活用は、資料作成だけでなく、レポートやメールの作成など、他のビジネスコミュニケーションにも適用できます。過去の成功体験を活用して効率よく成果を出し続けましょう。

ココがポイント

- 過去のひな形活用で品質を確保しながら時短を実現
- 最新情報に更新することも忘れずに

# PowerPointはスライドマスターで時短

ひな形の活用において最も効果を発揮するのがパワーポイントです。レイアウトやデザイン、基本的な構成が決まっているひな形は、新たな資料作成の際に非常に役立ちます。新たに考えるべきは具体的な内容だけで、その他の部分はひな形がカバーしてくれるため、資料作成の労力を軽減することができます。

PowerPoint（以下パワーポイント）は、その多機能性と柔軟性から、ビジネスプレゼンテーションにおける主要なツールとして広く利用されています。その一方で、新たなプレゼンテーションを作るたびに、レイアウトやデザイン、そして基本的な構成を一から作ることは、時間と労力を必要とします。こうした問題を解決するのが「スライドマスター」機能です。

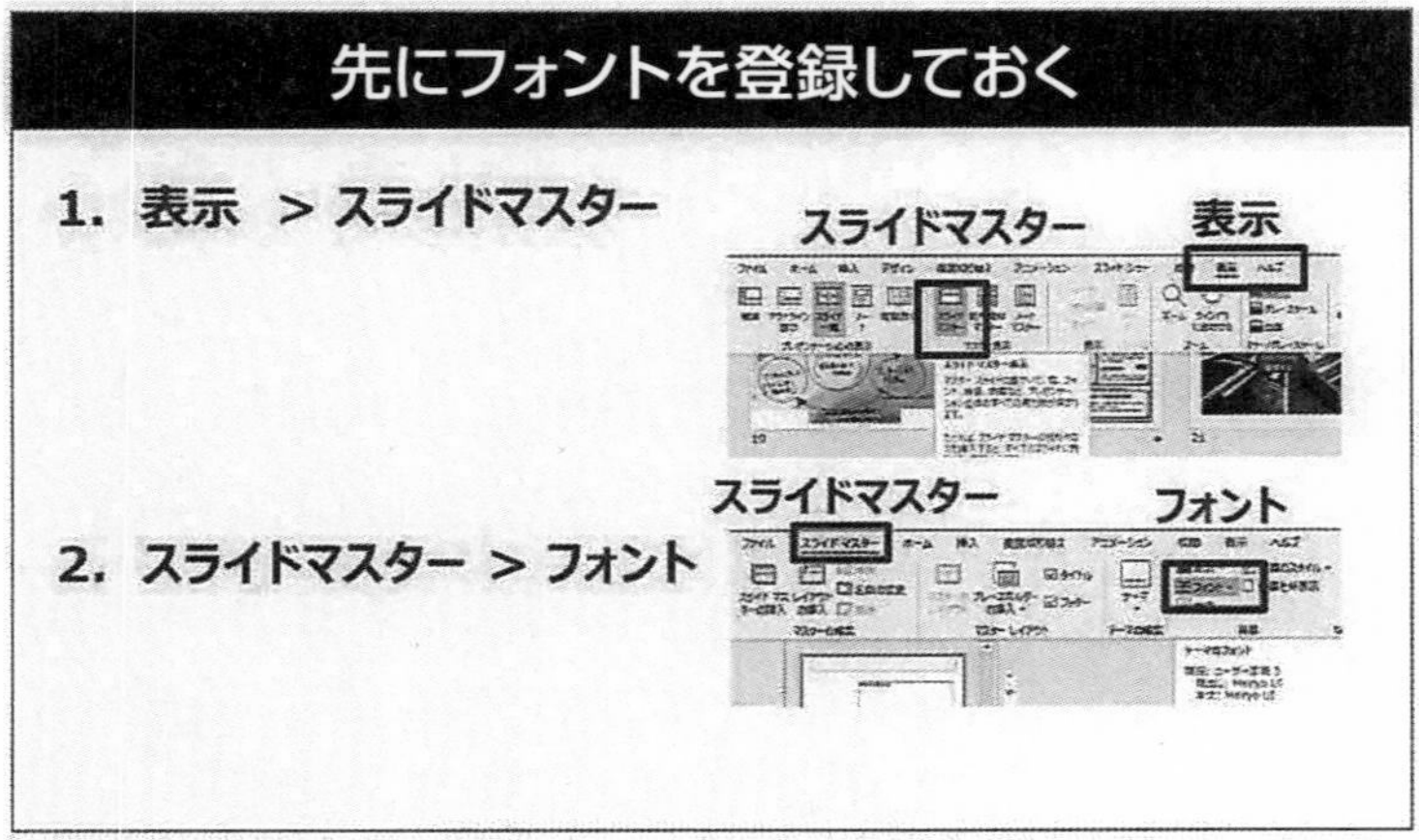


同じ作業を繰り返してしないことが時短の鉄則です。文字フォントの種類を変えたり、ページ番号やカラーを変えたりする作業を繰り返さないように、先にテンプレート（ひな形）を作ってしまいます。スライドマスターは、パワーポイント内のテンプレート（ひな形）作成機能で、レイアウトやデザイン、そして基本的な構成をあらかじめ設定しておくことができます。具体的な内容だけを新たに考えればよく、その他の部分はスライドマスターがカバーしてくれます。これにより、資料作成の労力と時間を大幅に削減することができます。

## フォントのカスタマイズ

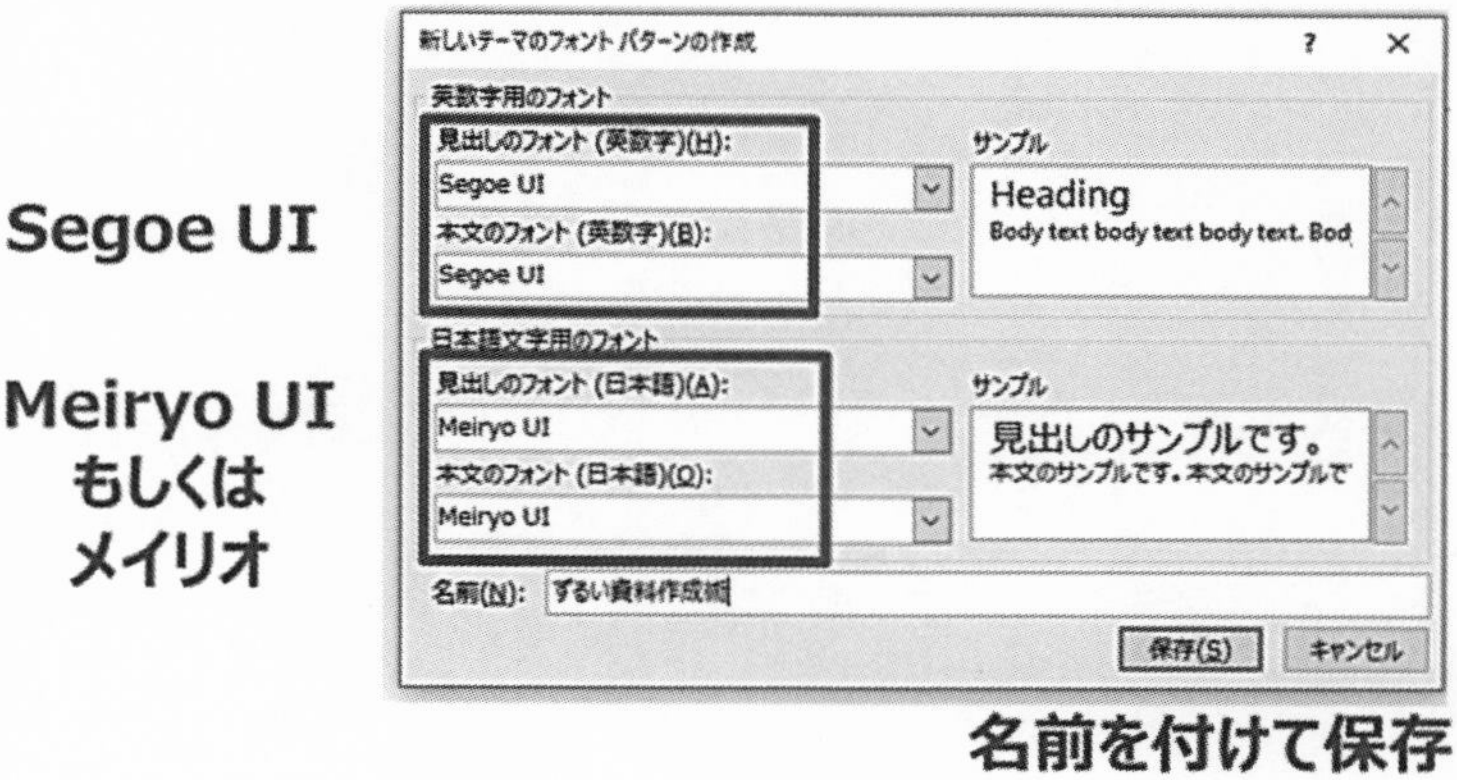


では、スライドマスターの設定方法を詳しく見てみましょう。まず、パワーポイントの表示タブから「スライドマスター」を選択します。ここから自分専用のテンプレートを作ることができます。特に、フォントの設定は必須です。フォントの設定は、「スライドマスター」から「フォント」、「フォントのカスタマイズ」へと進んで行います。ここでは、英数字および日本語文字の見出しと本文のフォントを指定します。

この設定が終わったら、そのカスタマイズした設定に名前を付けて保存します。これにより、いつでもこのフォント設定を呼び出すことができます。これがスライドマスターの魅力です。同じ作業を繰り返して行う必要がなくなり、大幅な時短につながります。

さらに、所属している組織が標準で使用しているフォントに合わせるのが基本ですが、特にフォント指定がない場合、相手の可読性や視認性を重視することが大切です。826名の意識決定者を対象に調査したところ、**日本語文字についてはMeiryo UIもしくはメイリオ、英数字についてはSegoe UIが最も好感を持たれることが分かりました。**

また、スライドマスターは、時間と労力を節約するだけでなく、プレゼンテーションの全体的な品質と効果を向上させることも可能です。すべてのスライドが同じ基本的なレイアウトとデザインを共有しているため、視覚的な混乱を避け、視聴者がプレゼンテーションのメッセージに集中できるようにします。

このように**スライドマスターを活用すれば、新たな資料を作成する際の時間と労力を大幅に節約できます。**さらに、一貫性のあるプレゼンテーション資料を作成することが可能となり、全体のイメージを高める効果もあります。同じデザインのスライドを何度も作成する必要がなくなるため、クリエイティブなエネルギーをより重要なコンテンツ作成に集中することができます。

**ココがポイント**

**●スライドマスターを使い、統一したフォントやデザインのひな形を手軽にゲット**

# クイックアクセス・ツールバーで7時間を節約

パワーポイントの効率的な使用方法が十分に理解されていません。たとえば、図形やテキストの配置調整は、視覚的な乱れを避けるために重要ですが、一つひとつマウスで移動させて調整するのは多くの時間を要します。

ある流通業のクライアントに対する調査では、1週間に10分以上をパワーポイント上の図形や画像、テキストの位置調整に費やしている社員が多くいました。これを単純計算で見ると、1年間で約7時間半もの時間をマウス操作に費やしているという驚きの結果になります。これは、時間を大切にするビジネスパーソンにとっては、あまりにも無駄な時間の使い方といえるでしょう。

しかし、効率化する方法があります。「図ツール」の中にある「センタリング」機能を使用すれば、指定した要素を一瞬でスライドの中央に配置することが可能です。また、複数の図形を選択することで、「左揃え」や「中央揃え」などの操作も一瞬で可能になります。これにより、一つひとつマウスで移動させて調整する必要がなくなり、大幅に時間を節約することができます。

こういった機能を毎回探し出して使用するのは手間がかかる作業です。そこで、効率的に作業を進めるために、クイックアクセス・ツールバーの活用をおすすめします。このツールバーには、よく使う機能を登録することができ、それを一クリックで直接使用することができます。これにより、操作の手間を大幅に減らし、時間を節約することができます。

具体的には、最上部にあるツールバーの右端にある下向きの矢印をクリックし、登録したい操作を表示されるメニューの「その他のコマンド」をクリックして選びます。次に、「図形の調整」や「左に揃える」「中央に揃える」などの頻繁に使用する機能を選んで、右のボックスに移動させます。これで、ツールバーに登録されたアイコンを一度クリックす

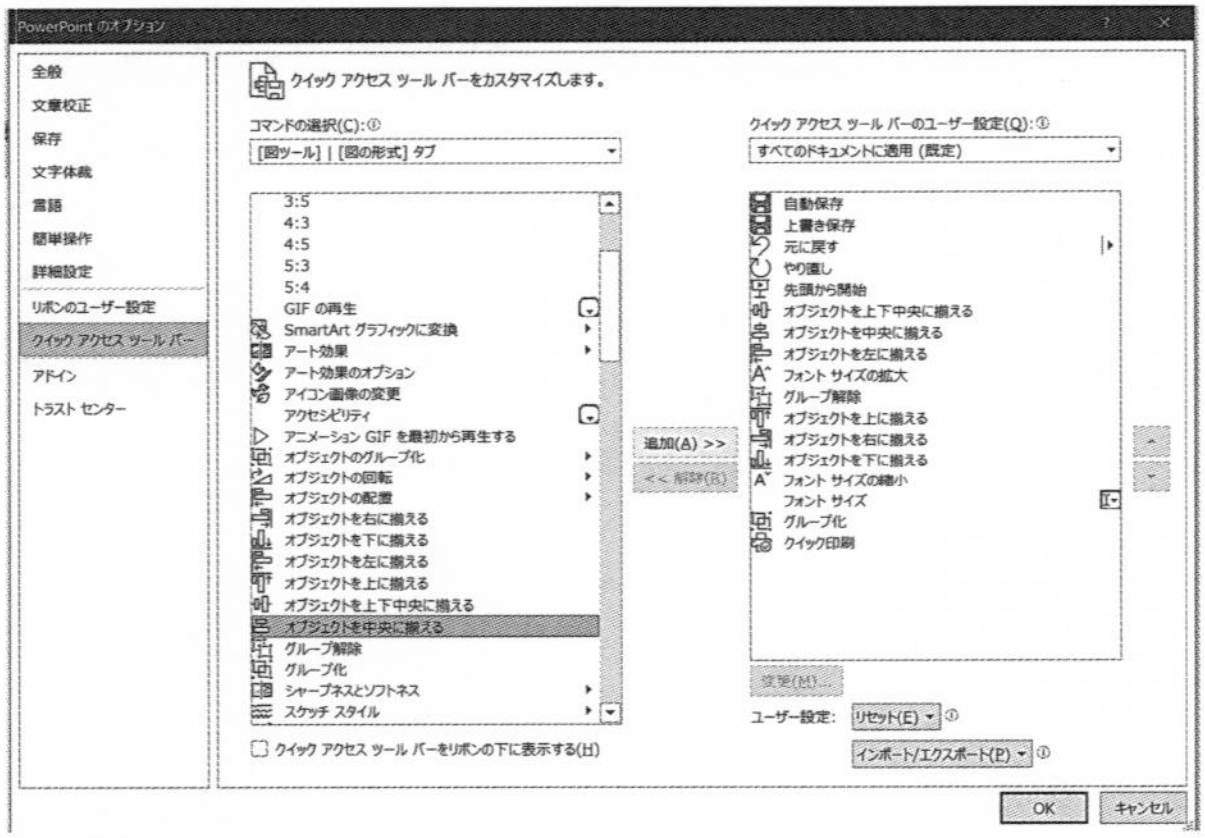


**〈操作解説〉図①クイックアクセス・ツールバーの設定画面**
**登録したい機能を左で選択し、右へ追加するだけ**

るだけで、その操作が直接可能になります。これにより、繰り返し行う操作を一瞬で実行でき、大幅に作業時間を短縮することが可能です。

時短効果が最も高かったクイックアクセスは以下の４つです。これらは必ず登録しておいてください。

①上下中央揃え（オブジェクトを上下中央に揃える）
②上揃え（オブジェクトを上に揃える）
③中央揃え(オブジェクトを中央に揃える)
④左揃え（オブジェクトを左に揃える）

実際に、私の講義を受けた生徒の中には、クイックアクセス・ツールバーを活用し、作業時間を比較した方がいました。その結果、パワーポイント作業時間が10%以上削減されたという報告が複数届きました。実際に試用した人の82%が効率が高まったと回答しました。

クイックアクセス・ツールバーの活用は、より効率的な作業環境を実現します。日常的にパワーポイントを使用する方々にとって、このツールバーの活用は大きな助けとなります。作業の流れをスムーズにし、繰り返し行う操作を一瞬で実行できることで、集中力を保つことができます。今すぐ登録して、時短効果を実感してください。

ココがポイント

**●クイックアクセス・ツールバーを活用すれば、配置調整作業が年間7時間半の時間節約になる**

# ワードは書式設定で修正作業を15％減らす

Word（以下ワード）は、学術からビジネスまで幅広い分野で利用される文書作成ツールです。しかし、その作成作業において思わぬ手間や時間をかけてしまうことがあります。特に、文字数や行数、余白、フォントなどの書式設定は、文書の見た目や読みやすさを大きく左右する要素であり、その調整を何度も行い時間をかける人は多いです。これらの設定を最初に正しく行うことで、文書作成途中での修正作業を減らし、全体の作業時間を15％も削減することが可能です。

まず、書式設定で最も重要なのは、文字数、行数、余白、そしてフォントの4つです。これらの設定は、ワードのリボンメニューから「レイアウト」を選択することで行うことができます。このメニューからは、ページのレイアウト全体を調整することができ、文書の見た目を自由に設定することが可能です。

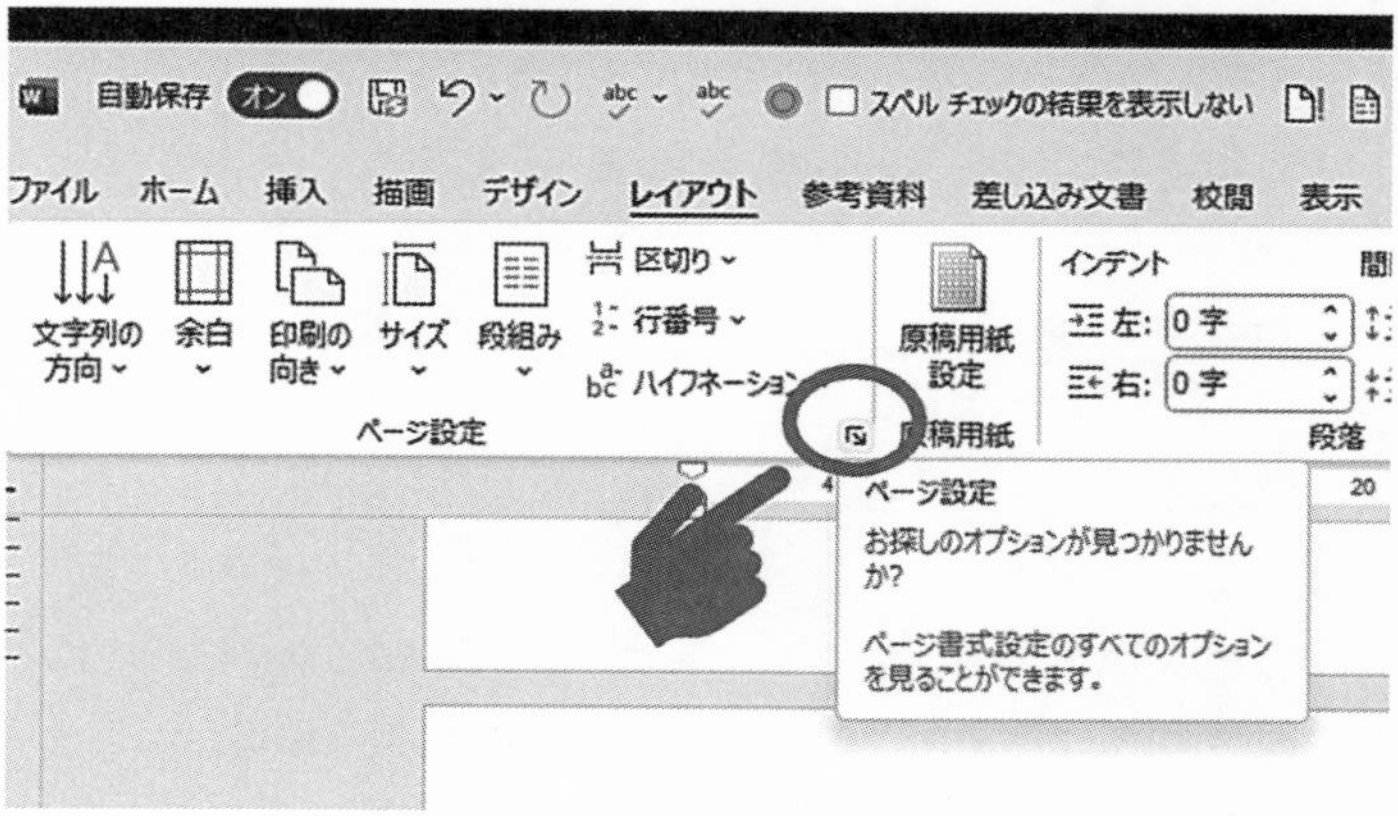


「レイアウト」から「ページ設定」メニューの右下にある「矢印→」にマウスを合わせて「ページ設定」画面を呼び出します。

「余白」は、文書の枠と本文の間のスペースのことを指します。「余白」は、メニューの中から「狭い」「やや狭い」「広い」などを選択することで設定できます。報告書などで余白の幅が指定されている場合は、「ユーザー設定の余白」を選択し、指示通りの余白を設定することが重要です。

次に、「文字数」と「行数」の設定です。これらを設定するには、「レイアウト」をクリックし、「ページ設定」ダイアログを開きます。「ページ設定」の中で、「文字数」、「行数」を設定することができます。これにより、文書全体のレイアウトを一度に設

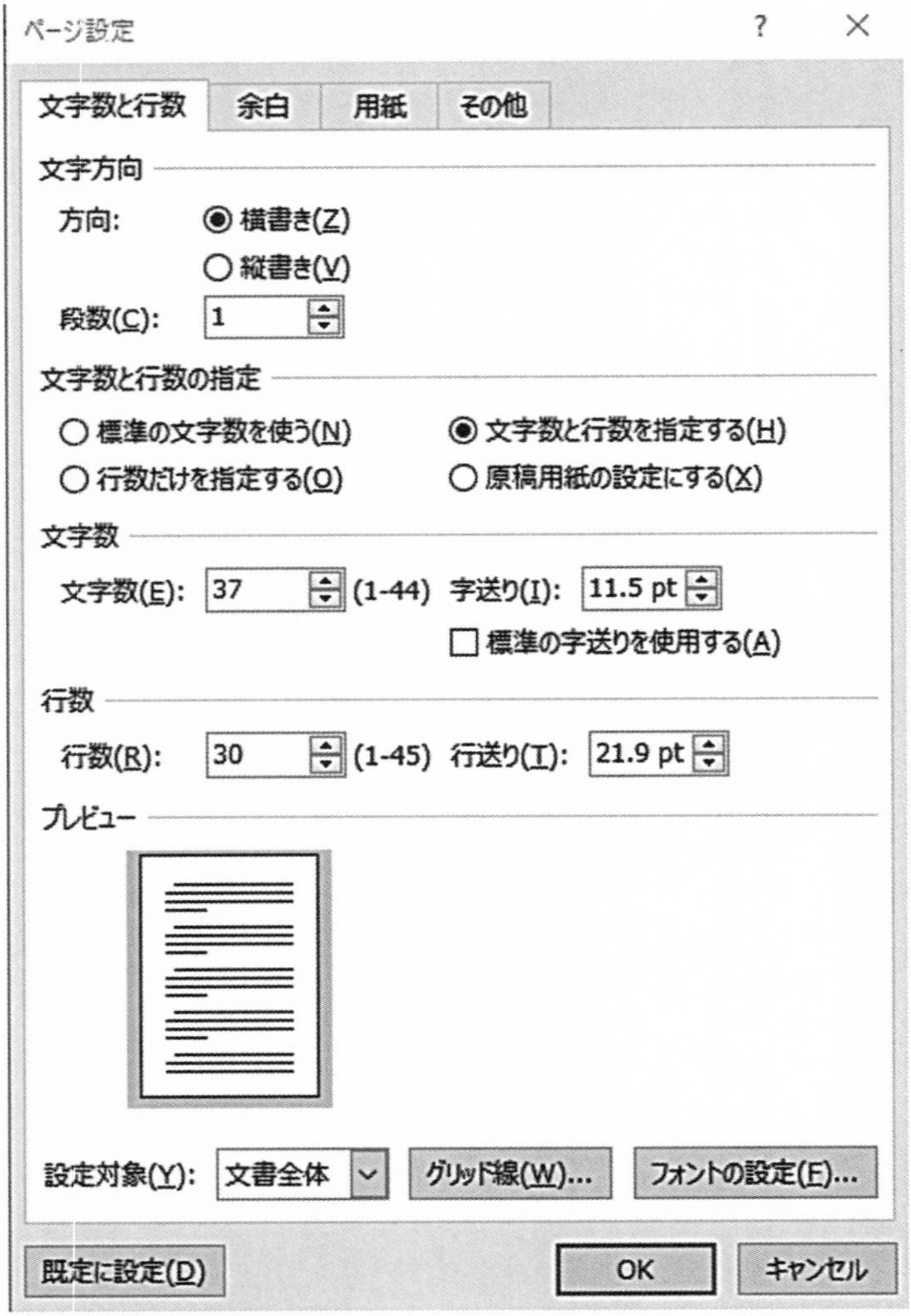
ページ設定
?
文字数と行数
余白
用紙
その他
文字方向
方向:
横書き(Z)
縦書き(V)
段数(C):
1
文字数と行数の指定
標準の文字数を使う(N)
文字数と行数を指定する(H)
行数だけを指定する(O)
原稿用紙の設定にする(X)
文字数
文字数(E):
37
(1-44)
字送り(I):
11.5 pt
標準の字送りを使用する(A)
行数
行数(R):
30
(1-45)
行送り(T):
21.9 pt
プレビュー
設定対象(Y):
文書全体
グリッド線(W)...
フォントの設定(F)...
既定に設定(D)
OK
キャンセル
「ページ設定」画面

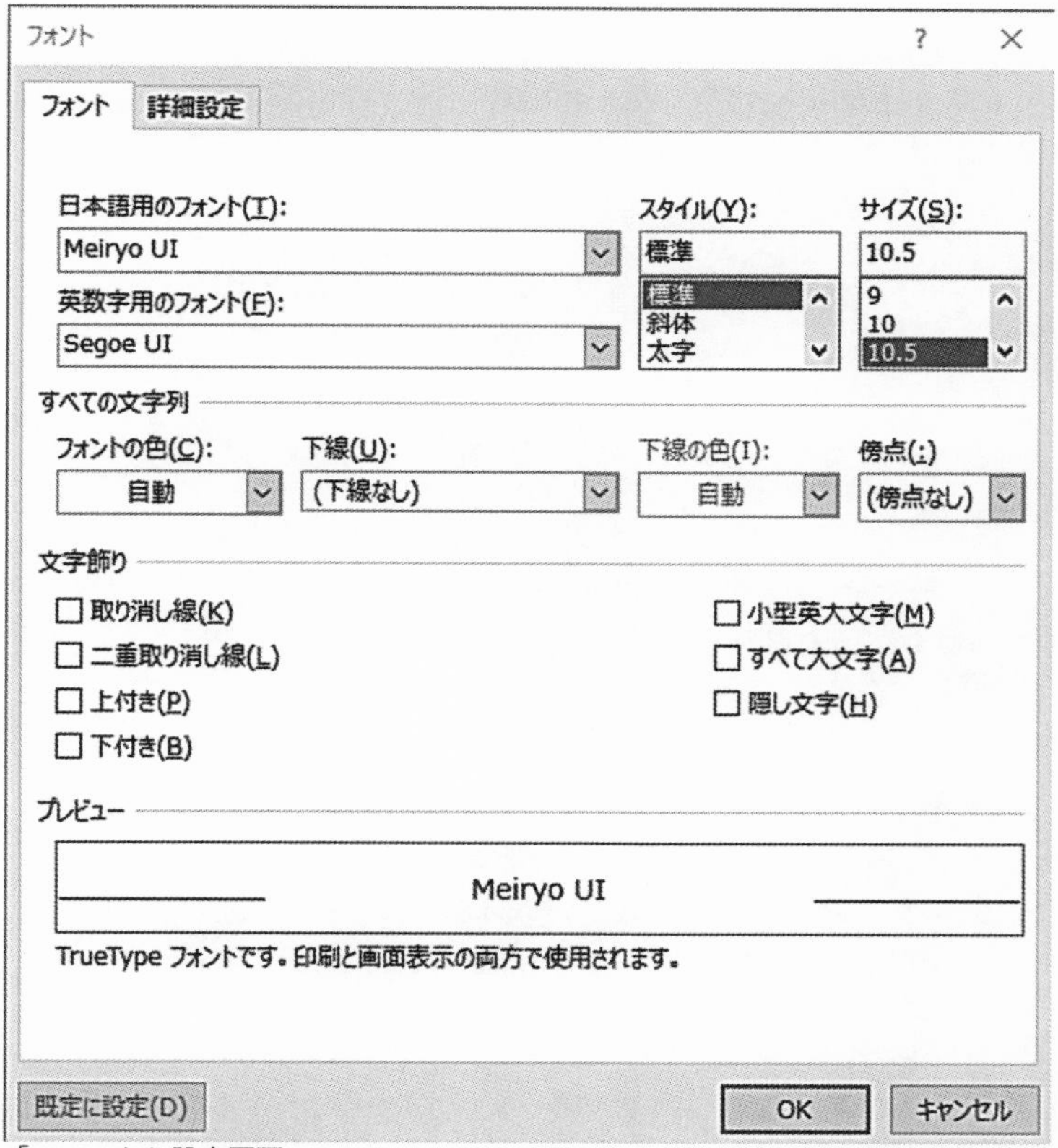
フォント
フォント
詳細設定
日本語用のフォント(T):
Meiryo UI
英数字用のフォント(F):
Segoe UI
スタイル(Y):
標準
標準
斜体
太字
サイズ(S):
10.5
9
10
10.5
すべての文字列
フォントの色(C):
自動
下線(U):
(下線なし)
下線の色(I):
自動
傍点(:)
(傍点なし)
文字飾り
取り消し線(K)
二重取り消し線(L)
上付き(P)
下付き(B)
小型英大文字(M)
すべて大文字(A)
隠し文字(H)
プレビュー
Meiryo UI
TrueType フォントです。印刷と画面表示の両方で使用されます。
既定に設定(D)
OK
キャンセル
「フォント」設定画面

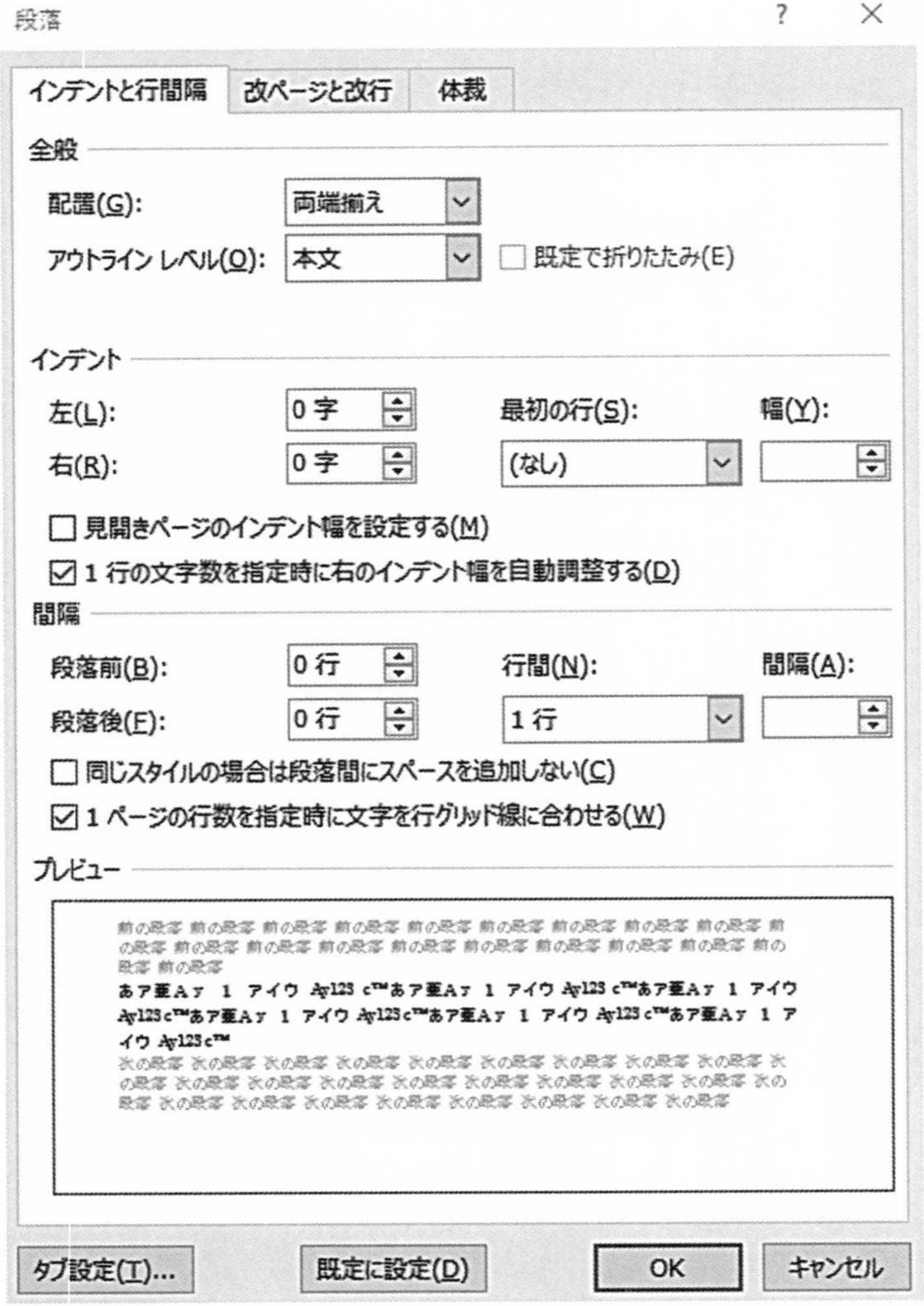

段落                                                        ?    ×

| インデントと行間隔 | 改ページと改行 | 体裁 |

**全般**

配置(G):　　　　　両端揃え　∨

アウトライン レベル(O):　本文　∨　　□ 既定で折りたたみ(E)

**インデント**

左(L):　　0 字 ⬍　　　最初の行(S):　　　幅(Y):

右(R):　　0 字 ⬍　　　(なし)　　　∨　　　⬍

□ 見開きページのインデント幅を設定する(M)

☑ 1 行の文字数を指定時に右のインデント幅を自動調整する(D)

**間隔**

段落前(B):　　0 行 ⬍　　　行間(N):　　　　間隔(A):

段落後(F):　　0 行 ⬍　　　1 行　　　∨　　　⬍

□ 同じスタイルの場合は段落間にスペースを追加しない(C)

☑ 1 ページの行数を指定時に文字を行グリッド線に合わせる(W)

**プレビュー**

前の段落 前の段落 前の段落 前の段落 前の段落 前の段落 前の段落 前の段落 前の段落 前
の段落 前の段落 前の段落 前の段落 前の段落 前の段落 前の段落 前の段落 前の段落 前の
段落 前の段落
あ亜Aァ 1 アイウ Ay123 c™あ亜Aァ 1 アイウ Ay123 c™あ亜Aァ 1 アイウ
Ay123c™あ亜Aァ 1 アイウ Ay123c™あ亜Aァ 1 アイウ Ay123c™あ亜Aァ 1 ア
イウ Ay123c™
次の段落 次の段落 次の段落 次の段落 次の段落 次の段落 次の段落 次の段落 次の段落 次
の段落 次の段落 次の段落 次の段落 次の段落 次の段落 次の段落 次の段落 次の段落 次の
段落 次の段落 次の段落 次の段落 次の段落 次の段落 次の段落 次の段落 次の段落

| タブ設定(T)... | | 既定に設定(D) | OK | キャンセル |

段落設定画面

定することが可能となり、作成途中での修正作業を大幅に削減することができます。また、「ページ設定」では画面右下の「フォントの設定」も可能で、読みやすさに直結する重要な要素を設定することができます。

「レイアウト」から「ページ設定」メニューの右下にある「矢印↓」にマウスを合わせて「ページ設定」画面を呼び出します。

また、資料を参考にしながら文書を作成していると、気づかないうちに書式がバラバラになってしまい、それを修正するのに時間がかかってしまうことがあります。そのようなときに便利なのが「Ctrl＋Space」というショートカットキーです。このキーを使用すると、フォントや文字色などの書式設定を一発でリセットすることができます。これにより、一部の書式が混在した状態を一括で統一することができ、その修正にかかる時間を大幅に削減することが可能です。

ワードの「スタイル」機能を活用することも有効です。スタイルは、特定の書式設定を保存し、それを再利用する機能です。例えば、見出しや本文、引用文などにそれぞれ適切な書式を設定し、それをスタイルとして保存しておけば、同じ種類のテキストに対して一括で書式を適用することができます。これにより、一つひとつの要素に対して書式を設定する手間が省け、作業効率が大幅に向上します。

さらに、ワードには「テンプレート」機能もあります。テンプレートは、あらかじめ作成した文書の形式を保存し、新たな文書作成時にその形式を利用できるひな形です。報告書や提案書など、特定の形式を繰り返し使う場合には、テンプレートを作成しておけば、新たな文書を作成するたびに同じ書式設定をする手間を省くことができます。

この「書式設定」の活用を定着させることに成功した教育サービス企業は、以前よりも修正時間が25％ほど削減されたそうです。さらに、誤字や脱字の修正頻度が減ったという声を多く聞くそうです。

ワードの書式設定は、文書の品質向上だけでなく、作業時間の削減に役立ちます。また、適切な書式設定は、読者に対する敬意でもあります。見た目が整っていることで読者は文書を読むことに集中でき、その結果、伝えたいメッセージがより伝わりやすくなります。ワードの書式設定を理解し、活用することで、より高品質な文書を効率的に作成することが可能です。

ココがポイント

●ワードの書式設定で、文書作成中の修正作業を時短

# 軽快なファイル運用術
# 5つのサイズ削減テクニック

ファイルサイズを小さくする術を知っておくと時短ができます。例えば、文書ファイルのサイズ縮小によって業務効率を向上できます。ワードやエクセルなどのオフィスソフトで作成された文書ファイルは、不要なデータが蓄積されることがあります。これらのデータを削除することで、ファイルサイズを減らすことが可能です。また、フォントや画像を適切に使用することも、ファイルサイズを縮小する上で役立ちます。

ファイルサイズを縮小することで、データの送受信や共有がスムーズに行えます。例えば、オンライン会議やクラウドストレージを利用する際に、大きなファイルサイズであると通信速度やデータ転送時の通信料に影響を与えることがあります。

また、ファイルサイズが小さいことは、ストレージ容量の節約にもつながります。企業や個人が利用するクラウドストレージやデバイスのストレージは、容量に限りがあります。ファイルサイズを縮小することで、必要な情報を効率的に保存し、ストレージ容量を有効活用できます。

ファイルサイズを縮小する方法は以下の５つが一般的です。

**①ファイルを保存するときに圧縮する**
**②作成中のファイルを圧縮する**
**③文書内の特定の画像を圧縮する**
**④編集履歴を消してファイルサイズを圧縮する**
**⑤完成した文書やグラフはＰＤＦで保存する**

### ①ファイルを保存するときに圧縮する

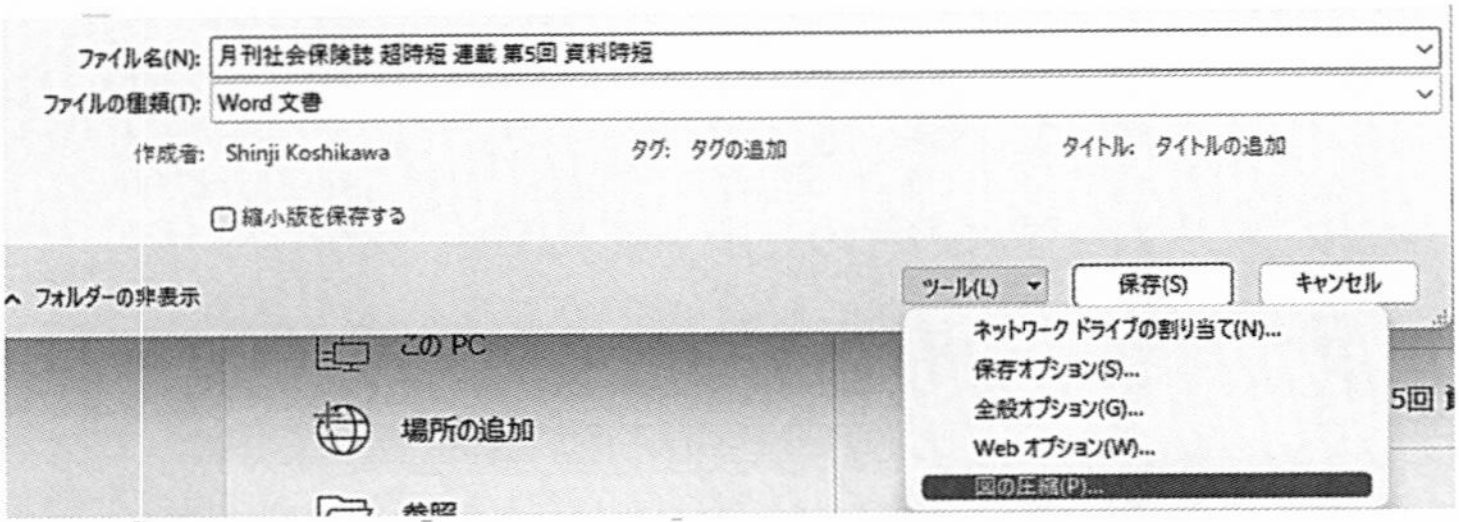


図② 「保存」する前に「ツール」から「図の圧縮」を選択

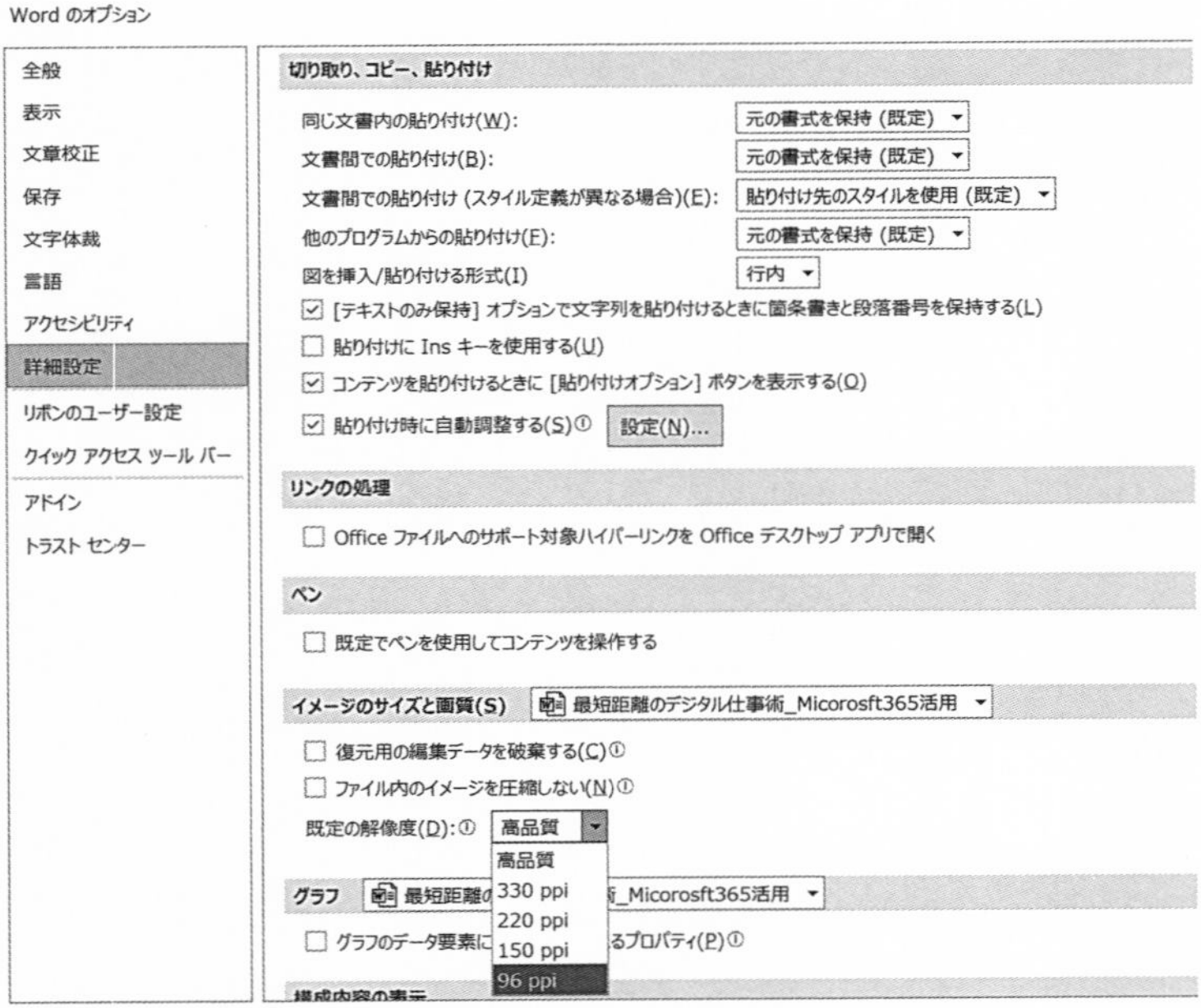


図③ 文書内の画像の解像度を 96ppi へ変更

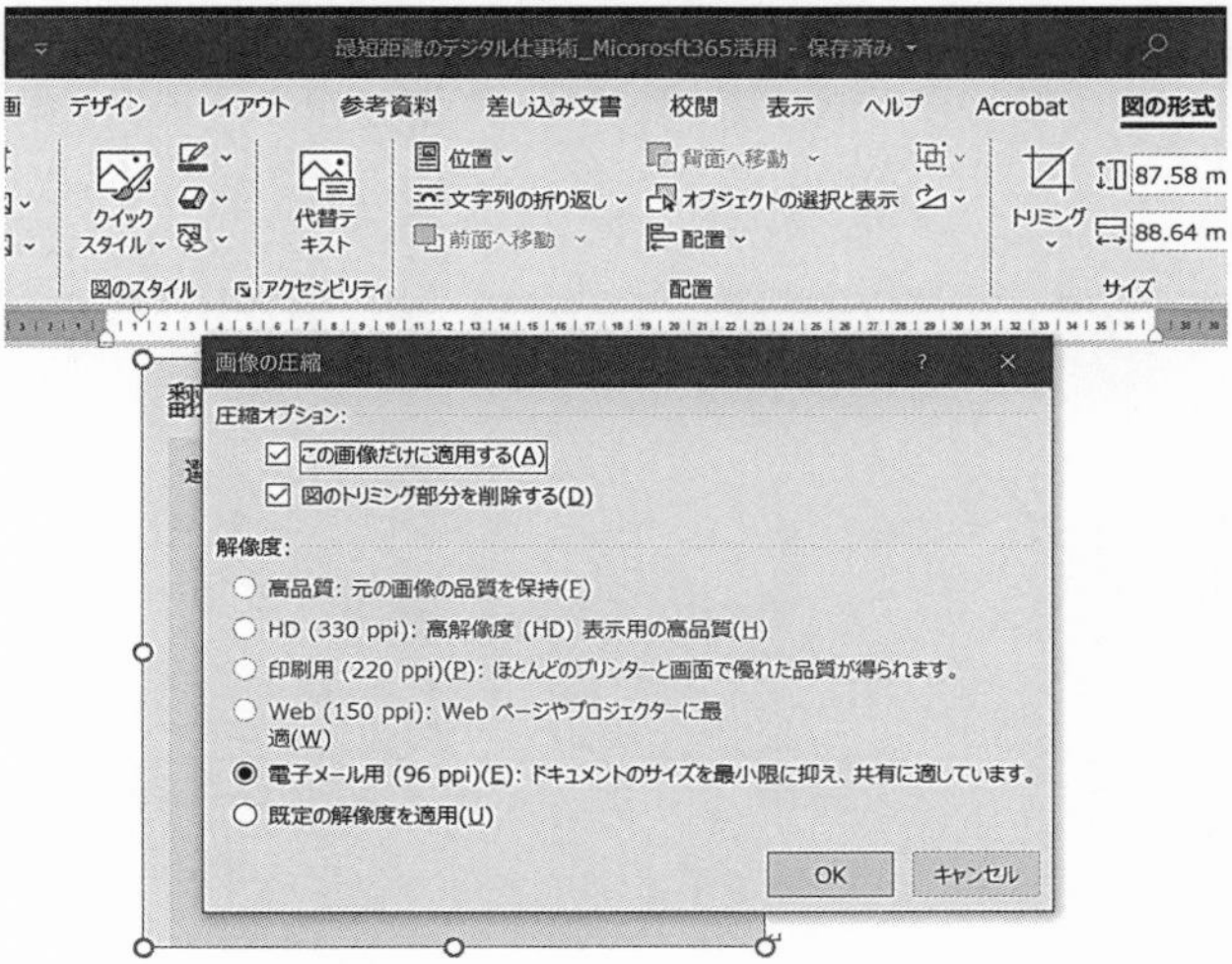


ワードやパワーポイントで「①ファイルを保存するときに圧縮する」場合は、「名前をつけて保存」より「その他のオプション」を選択します。「ツール」より「図の圧縮」を選択します。適切な解像度を選び「OK」を選択します。解像度が低いものを選択すれば圧縮率が高まりファイルサイズは小さくなります。「保存」を選択すれば完了です。

## ②作成中のファイルを圧縮する

「名前を付けて保存」をしなくてもファイル作成中に文書内のすべての画像を圧縮することもできます。「ファイル」メニューから、「その他」「オプション」を選択します。

「オプション」ウィンドウが立ち上がりますので、左のメニュー一覧から「詳細設定」を選択します。

中央に「イメージのサイズと画質」の中で、既定の解像度を選択します。

### ③文書内の特定の画像を圧縮する

ワード文書で特定の画像を圧縮する場合には、画像をクリックして指定します。

画面上部に「図の形式」メニューが表示されるので、その中の［図の圧縮］をクリックします。

ファイル内にある画像を一つ選択し、画像選択中のみ表示される「図ツール」の「書式」タブから「調整」の項目にある［図の圧縮］をクリックします。

適切な解像度を選択して「ＯＫ」をクリックすると画像の圧縮が完了します。

**④編集履歴を消してファイルサイズを圧縮する**

画像だけでなく、編集履歴データを削除することで不要なデータを消してファイルサイズを圧縮することができます。

ただし、編集履歴データを一度消してしまうと、過去の履歴に戻ることができませんので注意が必要です。

編集履歴の削除する方法は、「②作成中のファイルを圧縮する」と同様に、「ファイル」「その他」「オプション」から「オプション」画面を起動します。

左のメニュー一覧から「詳細設定」を選択して「イメージのサイズと画質」の中にある「復元用の編集データを破棄する」にチェックを入れて「ＯＫ」を押して完了です。

**⑤完成した文書やグラフはＰＤＦで保存する**

Excel の図表やワードの文書が完成して、それを共有する場合はPDFに変換することでファイルサイズを小さくすることができます。

「ファイル」メニューから「印刷」をクリックします。「プリンター」を選ぶメニューから「Microsoft Print to PDF」を選択し、「印刷」ボタンを押します。

通常の印刷はプリンターから印刷物が排出されますが、「Microsoft Print to PDF」はPDFに変換するだけで印刷はしません。PDFの保存先を指定する画面が表示されますので、名前と保存先を決定して「印刷」するとPDFファイルが生成されます。

複数の図が含まれた文書や図表の場合は特に効果的です。

これら5つの方法でファイルサイズを小さくすることができます。

どれくらいファイルサイズが圧縮されたかを確認するには、「ファイル」メニューから「情報」を選択し、右側に表示される「プロパティ」下の「サイズ」で確認ができます。

ココがポイント

●ファイルサイズの縮小で送受信時間の短縮とストレージ節約を

## フィードバックで再現性を爆上げ

資料作成のプロセスは一人の視点だけでは完全ではありません。7割は自分で作成し、残りの3割は相手が決めると考えた方がよいです。資料を作成したら、相手に伝わって、相手の行動を促さないといけません。相手を動かすのは「伝える」ではなく「伝わる」であり、「伝わる」コミュニケーションの主役は相手です。提出先の相手からフィードバックをもらうことで、自分一人では気づかなかった視点を得て、次回以降の作業の質と効率を高めることができます。

例えば、報告書を提出した後に上司やチームメンバー、顧客に意見や感想を求めることによって、具体的な改善点や、全体的な構成、プレゼンテーションの方法についての提案をもらえるかもしれません。フィードバックを受けることで、自分の視点だけでは見えなかった今後の改良点を見つけて、資料作成の質を上げることができます。資料の質が上がれば、修正の手間が省くことができます。

フィードバックは自己学習のための貴重なツールともなります。自分の弱点や改善点が明確になることで、それを基に自己学習を進めることができます。特に時間がかかっていた部分や難しかった部分についてのアドバイスは、次回の作業効率化に直結します。フィードバックによって得た知識と経験を活用することで、同じような課題に遭遇した際にも、前回よりも迅速かつ効率的に対応することができます。

さらに、フィードバックによって相手の期待値を理解することも可能です。上司や顧客がどのような情報を重視し、どのようなフォーマットを好むかを知ることで、次回からその点を考慮に入れた資料作成が可能になります。これは修正の手間を省くだけでなく、自分の作業に対する評価を高めることにもつながります。

これらの要素を考慮すると、資料の提出後にフィードバックを積極的に求めることは、非常に有益です。資料作成の質と効率を同時に向上させるためには、フィードバックをただ受けるだけでなく、それを反映し、次回の作業に活かすことが不可欠です。新たな視点や意見を受け入れることで、自己学習を進め、自己改善を図り、最終的には作業の質と効率を高めることができます。

資料を提出した後にフィードバックをもらうことは、資料作成の質と効率を同時に向上させる効果があります。そのため、積極的にフィードバックを求め、それを活用して次回以降の時短につなげることが大切です。

ココがポイント

●フィードバックをもらうと次回以降の改善点が容易

●相手の期待を把握して資料作成の成功確率をアップ

# 第6章

# メール時短テクニック

最強の時短仕事術を実践するためには、メール時短も欠かせません。メールはビジネスにおける標準的なコミュニケーションツールの一つであり、多くの時間がメールの読み書きに費やされているからです。２０２２年３月に17万人を対象にした調査では、１週間の労働時間でメールの処理に費やしている時間は10％以上ありました。効率的なメールのやり取りを実現することで、処理にかける時間を短縮できます。

## 辞書と署名で文字入力を15％以上短縮

３、７５０名のビジネスパーソンに対する調査結果によると、Windows の辞書登録と Outlook の署名機能の活用が、文字入力の手間を15％以上減らすことが判明しました。これらのツールは、頻繁に使用する文章やキーワードを事前に登録し、同様の作業にかける時間を減らすことができるツールです。

Windows パソコンに標準搭載されているＩＭＥ辞書を活用することで、よく使う単語やフレーズを簡単に入力することができます。「単語」と「読み」を登録しておけば、その単語が変換候補としてすぐに出現します。例えば、「宜しくお願い致します。」というフレーズを「よろ」という読みで登録すれば、「よろ」と入力するだけで目的のフレーズが変換候補に出てきます。私自身も、事務所の住所やメールアドレス、専門用語、英語のキーワードなど、頻繁に使用するものを辞書に登録しています。

メールの「署名」機能は、特に長文の定型文の入力を助けます。ＩＭＥの辞書登録は一般的に60文字程度の制限があるため、それ以上の長さの文章は署名に登録することをおすすめします。私自身も、いくつかの署名パターンを登録しており、それらを使用することでメール作成の時間を大幅に短縮しています。Outlookの署名機能は、業務効率を向上させるための実用的なツールです。これらを活用することで、同じ作業を繰り返す手間を減らし、作業時間を削減することが可能となります。

Outlook登録の方法は以下のとおりです。

①画面上部の「メッセージ」から「署名」を選択し「署名のカスタマイズ」をクリック

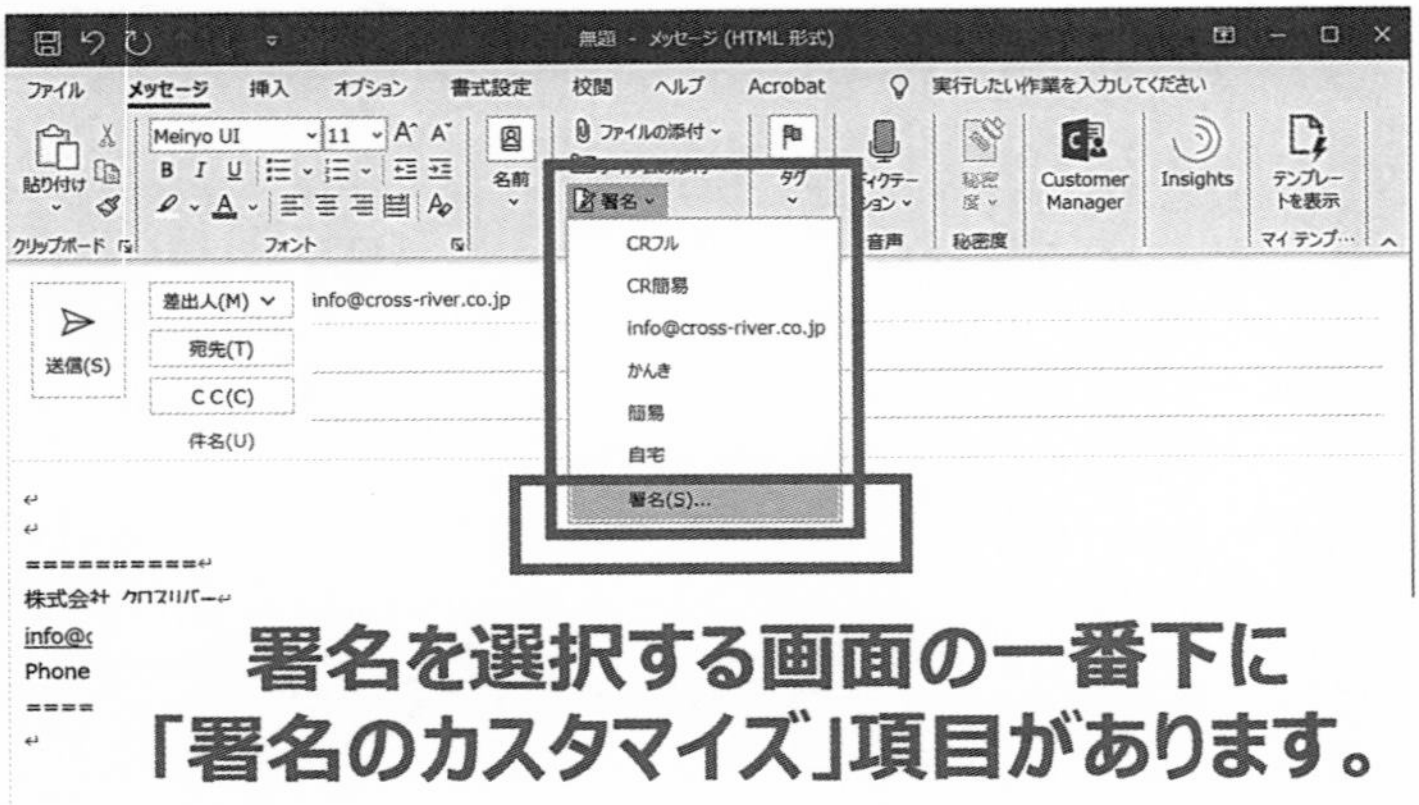


**署名を選択する画面の一番下に「署名のカスタマイズ」項目があります。**

①画面上部の「メッセージ」から「署名」を選択し
「署名のカスタマイズ」をクリック

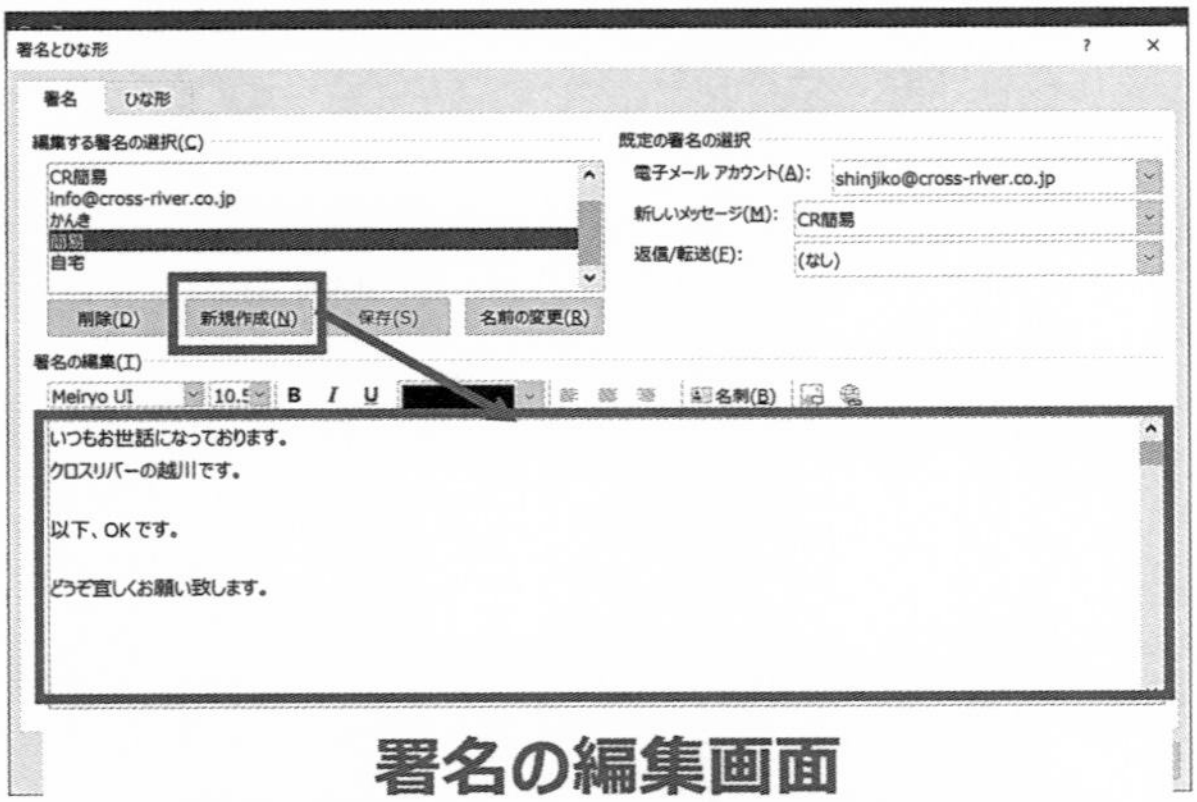


**署名の編集画面**
**よく使う「メッセージのひな形」を作成**

②「新規作成」を選択して、登録する署名を作成

②「新規作成」を選択して、登録する署名を作成

顧客向けメールの定型文、上司への週報提出メッセージ、新規問い合わせへの返答、発注依頼、海外からの問い合わせ返答用など定期的に送るメールのパターンを登録しておきます。

私は10パターンの署名を複数のパソコンに事前登録してあります。よく使う「始めと終りの挨拶に連絡先を加えたもの」や、特定顧客向けの定型文、新規問い合わせへの返答、発注依頼、海外からの問い合わせ返答用です。

様
お世話になっております。
どうぞ宜しくお願い致します。
＝＝＝＝＝＝＝＝＝＝＝＝

株式会社クロスリバー
越川　慎司
090-0000-xxxx

初めての問い合わせ対応でしたら、このような形です。連絡先の前で51文字の入力が省けます。

様
株式会社クロスリバーでございます。
お問い合わせ頂き、有難うございます。
何卒宜しくお願い申し上げます。
＝＝＝＝＝＝＝＝＝＝
株式会社　クロスリバー
代表取締役　CEO

越川 慎司
〒105-00xx…

スマートフォンを使う場合、1パターンしか署名を登録できないので「最後の挨拶、名前、連絡先、『スマートフォンから送信しています』などの状況」を署名に登録しておくと良いです。

宜しくお願い致します。
越川
090-0000-xxxx
スマートフォンから送信しています。

メール送信はコミュニケーションの一つの手段に過ぎません。そのため、効率的な手法を活用して、短時間で処理を終えてしまいましょう。

ココがポイント

●よく使う単語や定型文を登録しておくことで、タイピングの手間を大幅に削減

# CCルールを決めて受信数が18%減少

クライアント企業28社の調査によると、メールの受信数が増える原因の一つはCC（カーボンコピー）の使用によるものでした。メールスレッドが長くなるほど、関係者や上長などCCに入れる人数が増えていきます。これにより、メールのトラフィックや受信数が増加しており、個々のメールの重要性を判断することが難しくなっています。

CCの宛先は個人の判断で決められるため、「一応あの人も」と思った人が追加され、その結果、他の人もどんどんCCに追加されるという現象が生じています。その結果、多くの人が関連性の低いメールに埋もれ、情報の過多に悩まされています。

この問題は、特に課長クラスの管理職に影響を与えています。368社の調査では、管理職の35%が「メールの結果だけ知りたい」と回答し、63%が「必要なメールとそうでないメールを区別したい」と回答しました。これは、ＣＣによる受信数の多さが、管理職の業務効率や意思決定能力に悪影響を及ぼしていることを示しています。

そこで、この問題を解決すべく28社で行動実験を行いました。それは、ＣＣとメールタイトルの使用ルールを個人ではなく組織で明確に定めるというものです。部門ごとに共通ルールを決め、その後会社全体のルールを作成しました。

具体的なルールとしては、例えば、営業目標に大きく影響する案件の変化については、課長をＣＣに入れ、タイトルに［変］を付けるというものです。競合情報などを広く共有する場合は、タイトルに［情］を付け、ＣＣは各課の代表だけにするというものです。また、メールのやり取り中にＣＣを追加する場合は、その理由をメールの冒頭に記載するというものです。このルールを２ケ月間実施し、効果があったものは各課で継続使用し、会社全体のルールの検討事項としました。28社８万人でこのルールを徹底した結果、驚くべき結果が得られました。メール受信数は１人あたり18％以上減り、管理職や役職者の受信数は28％以上減りました。これは、情報過多による労力や時間の浪費を大幅に削減できたことを意味しています。

このルールの導入は、一部の懸念を払拭しました。例えば、ルールの導入によって会議が増えたり、上司からの質問が増えたりすることはなかったという結果が得られました。これは、CCルールが適切に機能し、情報が必要な人々に適切に伝わっていることを示しています。

また、このルールの導入によって社員間のコミュニケーションの質を向上させるという想定外の効果も生み出しました。各部門が自分たちの情報共有のパターンを評価し、より効率的な方法を模索するきっかけとなりました。これにより、情報共有の意図を理解して伝達する社員が増え、より質の高いコミュニケーションが行われるようになりました。

この成功を受けて、我々はこのルールを他のクライアント企業でも推奨しています。メールの受信数を減らすだけでなく、情報が増えることによるストレスを軽減し、組織全体の生産性を向上させることに確信をもっています。

行動実験で明らかになったＣＣのルールは、メールの使用をより効率的にし、重要な情報が適切に伝わるようにするための手法です。しかし、それはあくまで一つの方法であり、各組織は自身の状況に合わせて適切なルールを設定し、評価し、必要に応じて調整してみてください。自組織の状況を理解して、小さな行動実験を実施して評価してください。こうした実験の積み重ねにより「自組織に最適なＣＣルール」を見つけ出すことができます。

ココがポイント

●余計な気遣いをなくすためにCCルールは有効

# "スルーされない"メールにあった3つの共通点

16社7、000名のクライアントの中で流通する7、486通のメールと顧客向けのプロモーション用メール2、864通を分析しました。その結果、閲覧率が高いメールにはいくつかの共通点が見つかりました。

**まず1つ目は、タイトルの文字数が35文字以内であること。**これは一見、少し長めに感じるかもしれませんが、興味を引くキーワードが含まれていれば、受信者は本文を読みたいと感じるようです。しかし、タイトル作成の時間を節約し、短時間で成果を上げるためには、端的で伝わりやすい短いタイトルが推奨されます。

**2つ目の特徴は、タイトルにカタカナと数字（特に奇数）が含まれていることでした。**

我々がメール受信者に話を聞くと、数字が入っていると具体的で、ぴったり揃っている偶数よりも、奇数の方が印象に残りやすいという意見が多く寄せられました。これを端数効果と言います。例えば、「3つの特徴」、「5分で説明する」、「成功する7要件」などの具体性を示す表現が好まれます。また、平仮名よりも漢字を使用した方が読みやすいと同様に、カタカナが含まれているとアクセントになり、目立ちやすくなります。「明日の打合せ議題について」よりも「明日の打合せアジェンダ」の方が目に留まりやすく、反応が良いのは、画数の多い漢字の羅列よりもカタカナが入った方が印象に残りやすいためと考えられます。

さらに、**メール本文は105文字を超えると閲覧率が下がる傾向があることもわかりました。**そのため、短く、しかも重要な点をまとめたメールが好まれます。105文字という制約は短いかもしれませんが、部署名の長い記載や挨拶を省き、結論と求めるアクションを具体的に書くことで、効率的に情報を伝えることが可能です。

コミュニケーションの目的は「相手に伝わる」ことです。閲覧されなければメッセージ

メール文字数（縦軸）　　メール閲覧率（横軸）

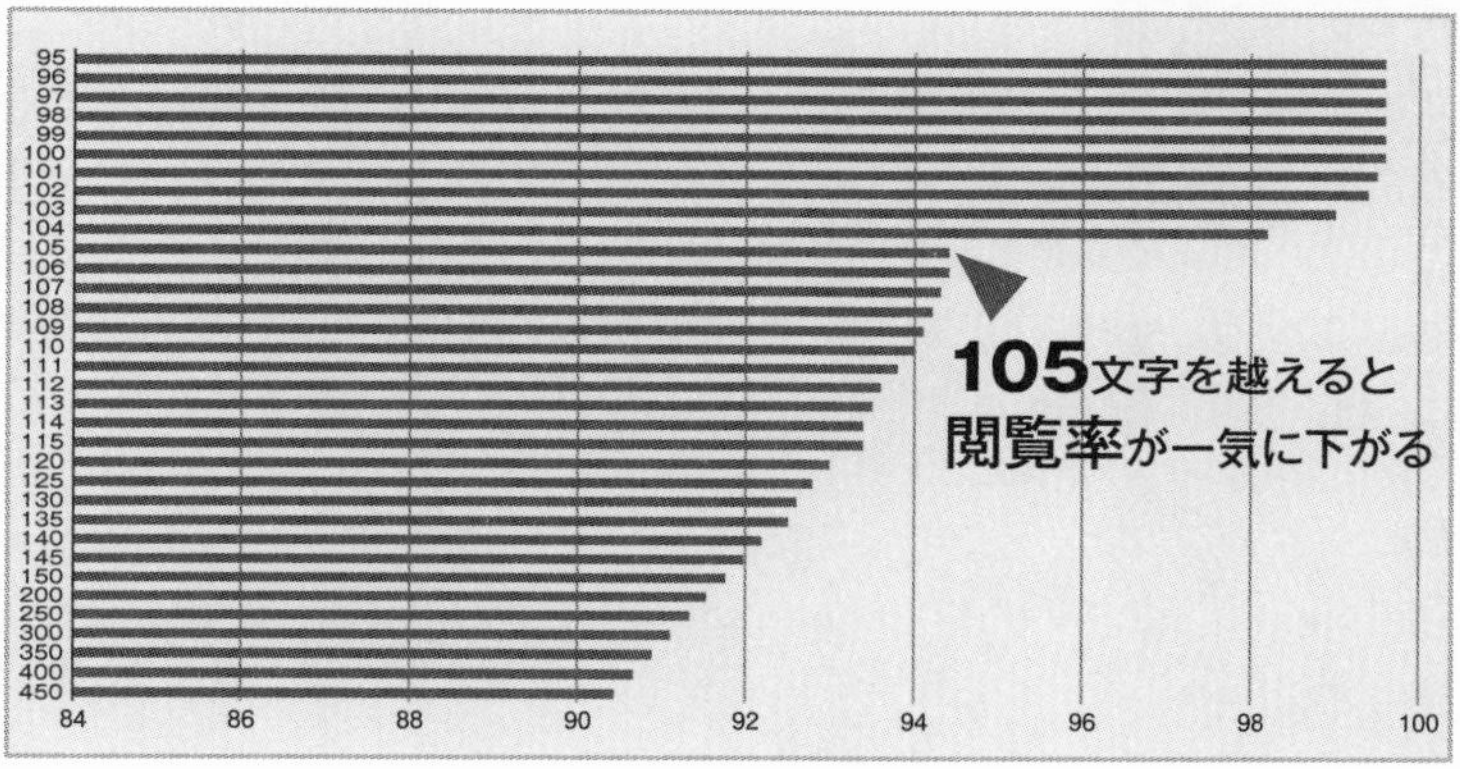


図①メールの文字数と閲覧率の関係

は伝わらないので、相手の立場に立ち、重要な点をコンパクトにまとめることが大切です。このような方法を知っておけば、長文メールの作成に時間を奪われることはありません。

この分析で見出した3つのテクニックは、ビジネスメールの作成において時短につながり、効果を生み出します。特に、数字とカタカナを用いることで、受信者の注意を引きつけることができ、メールを閲覧させる可能性を高めることができます。また、本文は短く、しかも重要なポイントをコンパクトにまとめることで、受信者にとって読みやすく、理解しやすいメールを作成することが可能となります。

メールの有効性を最大限に引き出すためには、相手の注意を引きつけるタイトルの作成、本文の簡潔さと明確さ、そして何よりも相手に対する配慮と理解が求められます。これらの点を心に留め、日々の業務に役立てることで、より効果的なコミュニケーションを実現できます。

また、メールのやり取りにおいて、受信者の時間を奪うことがあります。その中でも、特に問題視されているのが、メールの件名に自分の名前を入れたり、同じ内容のメールであるにも関わらず件名を頻繁に変更する行為です。

社外の方々と連絡を取るのはメールが中心であり、全員がSlackやTeamsなどのチャットツールを使うわけではありません。それだけに、メールのやり取りをスムーズに進めるための一定のエチケットが求められます。**特に、メールのタイトルについては、一貫性を保つことが重要です。同じ話題のスレッド（相手とのメールをまとめて表示すること）**

**には同一の件名を用い続けることで、受信者の時間を節約し、情報の追跡を容易にします。**

私は出版社や提携パートナー企業とのメールでは、タイトルを一つに統一し、それを変更しないよう依頼しています。これは、**タイトルが頻繁に変わることでスレッドが分散し、双方の情報を探すための時間が増えてしまうからです。**

時間は私たちにとって最も貴重なリソースであり、それを無駄にする行為には警戒心を持つべきです。時間管理は自己管理の一部であり、それを守ることで自身の働き方を改善し、作業時間を減らすことが可能です。自分の時間は自分でコントロールするという感覚を持つことが、効率的かつ効果的なメールを送受信しようとする起点になるのです。

ココがポイント

**●閲覧率の高いメールはタイトルが35文字以内、数字とカタカナが入り、本文は105文字未満**

# 本文はPRDで相手を巻き込む

メールの受信数が増えると中身を確認するだけでたいへんです。多くのメールを受信している人に返答を求めてもすぐに対応してもらえず、「待ち時間」が増えてしまうこともあります。その解決策の一つとして、メール本文にPRD（Point 要点・Reason 理由・Deadline 期限）を入れることが効果的であることが1・3万人の行動実験で明らかになりました。PRDを活用することで、相手が情報を素早く理解し、迅速な対応を行うことができます。それにより、効率的なコミュニケーションが実現され、待ち時間が減り、時短につながるのです。

**① Point 要点**

まず、メールの目的や要求を明確に示します。具体的なアクションや結果を求める場合、それを明確に記載することが重要です。相手が一目で目的を理解できるようにすることで、無駄なやり取りを減らし、時短につなげることができます。例えば、「昨日お見せした新商品のパンフレットのデザイン提案を2件お願いします」という具体的な要求を示すことで、相手にどのようなアクションを求めているのかを明確に伝えることができます。

**②Reason 理由**

相手に納得してもらいやすくするために、できるだけ具体的な情報や数字を示すことが重要です。例えば、「来月のビジネスイベントで3千人に配布するため、パンフレットのデザイン提案をお願いします」という具体的な理由を示すことで、相手に自身の意図を明確に伝えることができます。

**③Deadline 期限**

対応が必要な期限を明確に示します。期限を示すことで、相手が優先順位を付けて対応できるようになり、スムーズな進捗が期待できます。また、期限が近い場合や緊急性がある場合は、件名にも期限を記載することで、相手の注意を引きやすくなります。

ＰＲＤの活用は、メールだけでなく、さまざまなコミュニケーション手段にも応用できます。例えば、会議やプレゼンテーションでは、ポイントを明確に伝え、理由や期限を示すことで、相手に情報を理解しやすく伝えることができます。これにより、効果的な会議やプレゼンテーションが実現され、時間効率と効果を共にアップします。

また、部下への指示や報告、上司への相談など、日常の業務でもＰＲＤを活用できます。例えば、部下への指示では「今週末までに新商品の販売計画を作成してください（Point）。昨年度の売上が10％増加したため、今年度も新商品の投入をしたい（Reason）。提出期限は来週の月曜日17時です。（Deadline）」とＰＲＤを使って明確に指示を出すことができます。これにより、部下は何をどのように行うべきか、なぜそれが必要なのか、いつまでにそれを完了するべきかを明確に理解できます。

ＰＲＤを活用することで、自分自身の思考を整理することもできます。メールを書く際にＰＲＤを意識することで、要点、理由、期限という3つの要素をはっきりさせ、メールの作成がスムーズになります。また、ＰＲＤを活用したメールは、受信者に対しても配慮が感じられるため、円滑な人間関係の構築にもつながります。

社内の依頼メールにＰＲＤを入れる行動実験を75社1・3万人で実施したところ、活用した人の75％が時短効果を実感しました。

メール本文にＰＲＤを入れることで、相手が情報を素早く理解し、迅速な対応をしてもらうことができます。これにより、効率的なコミュニケーションが実現され、待ち時間が減り、時短に貢献します。さらに、ＰＲＤを活用することで、メールのやり取りが減少し、双方の時間を節約できます。特に繁忙期や緊急案件が多いビジネスシーンでお勧めです。

**ココがポイント**

**●要点、理由、期限の3点セットで時短を実現**

# ビジネスチャットでさらに時短

ビジネスコミュニケーションの方法は、時代とともに大きく変わってきました。昔は手書きのメモや電話が主なコミュニケーション手段でしたが、その後、電子メールが普及し、現在ではビジネスチャットが主流となりつつあります。既に57％の企業がビジネスチャットを導入しています。外部の関係者や顧客とのコミュニケーション手段としてメールがしばらく残るでしょう。しかし、社内のコミュニケーションはメールではなくビジネスチャットに移行することで大幅な時短につながります。

実際ビジネスチャットの普及は、業務効率の向上やコミュニケーションの迅速化に大いに貢献しています。テキストだけでなく、ビデオ通話やファイルの共有も可能であるため、企業内での活用が期待されています。

ビジネスチャットツールの大手であるSlack Japanの調査によれば、**チャットを導入し**

**た1、629社のうち、社内メールが平均で49％減少し、会議も平均で25％減り、生産性が平均で32％向上したとのことです。**これらのデータは、ビジネスチャットの導入が、業務の効率化と生産性の向上に寄与することを明らかにしています。

しかし、ビジネスチャットの導入に際しては、固定観念にとらわれて新しいツールへの移行を躊躇する人々が存在するという課題があります。特に、古いシステムに慣れ親しんでいる人々は、新しいツールへの抵抗感を持つことが多いです。このような状況を打破するため、クロスリバーでは、ビジネスチャットの導入支援を行っています。

実際にビジネスチャットを体験してもらうアプローチをとってきました。これまでに343社のクライアント企業に対して、一定期間社内メールを禁止し、ビジネスチャットのみを利用する実験を提案し、実施してきました。この実験の結果、当初は抵抗や不満もありましたが、徐々に「意外といい」という声が増えてきました。**ビジネスチャットでは、挨拶が不要であり、用件だけを伝えることができるため、コミュニケーションがスピーディーになり、効率が向上しました。**

ビジネスチャットは新しいコミュニケーションツールであり、習得にはある程度の時間と労力が必要です。しかし、その効果と効率性を一度体験すれば、その価値は明らかです。

**ココがポイント**

- **ビジネスチャットで時短コミュニケーションを実現**
- **お試し実験で効果を実感してもらうことが定着のカギ**

# 第7章

# チーム時短テクニック

時短仕事術を浸透させていくためには、個人の取り組みだけでなく、チームでの時短が欠かせません。**チーム全体が時短を意識して取り組むことで、相乗効果が生まれ、より高い生産性と効率が実現されるからです。**チーム時短は、メンバー間の連携や情報共有の改善が鍵となります。チーム全体で時短を目指すことで、個々人の能力や負担が適切に分散され、ストレスの軽減や満足度の向上が期待できます。

# チーム作業の新常識
# クラウドストレージで共同作業

共同作業はGoogleドライブやOneDriveなどのクラウドストレージを経由して行うことで作業効率が格段にアップします。これは、データのやり取りをよりスムーズに行うためであり、その結果、作業時間の大幅な節約につながります。

クラウドストレージの利点は多くありますが、その一つが複数の人が同時にファイルにアクセスできることです。これにより、チーム全体でのコラボレーションが極めて容易になります。同じファイルをメールで何度も送り合う時間を省くだけでなく、ファイルのバージョン管理も効率的に行うことが可能になります。バージョン管理が容易になることで、誤って古いファイルを修正してしまうといったミスも大幅に減り、全体の作業効率が向上します。

また、クラウドストレージを利用することで、リモートワークや出張先からでも簡単にファイルへアクセスすることが可能になります。これにより、場所にとらわれずに作業ができ、会社に戻る必要がなくなるため、移動時間を節約できます。これは、チームメンバーがいつでも最新の情報にアクセスでき、より迅速な意思決定や問題解決を可能にする大きなメリットとなります。

さらに、クラウドストレージは、データのセキュリティ対策が整っているものが多く、ファイルを安全に保管できるという利点もあります。これにより、メールを通じてファイルを送信する際に起こり得る情報漏洩のリスクを大幅に減らすことができます。一部のクラウドストレージサービスでは、ファイルの履歴やバックアップ機能が提供されており、万が一のデータ消失にも対応できます。このような機能により、ユーザーはより安心して作業に集中することが可能となります。

クラウドストレージの機能を理解し、それらを最大限に活用することで、情報共有、コラボレーション、データ管理、セキュリティ対策など、チーム全体の生産性を向上させます。

今後もテクノロジーの進化に伴い、より使いやすく、効率的なファイル共有ツールやクラウドストレージが登場することでしょう。これらのツールを上手に活用し、情報共有やチームコラボレーションを効率化させることで、働き方の効率と効果を同時に向上させることが可能です。時代の変化やテクノロジーの進化に適応し、柔軟な働き方を追求することが、ビジネスパーソンにとって重要なスキルとなります。

ココがポイント

- クラウドストレージは安全な共同作業の場
- メール添付でファイルを共有するよりも圧倒的に効率的

# 業務改善の新潮流
# パターン・ランゲージの活用

パターン・ランゲージとは、複雑な問題解決に役立つ一連のパターンや手法を事前に決めておく考え方で、行動の「ひな形」とも言われます。この手法は、プロジェクト管理からコミュニケーションの改善まで、さまざまな業務改善に適用することができます。

具体的には、チーム全体でパターン・ランゲージを共有し、これを実践することで、業務の流れを改善し、全体的な生産性を向上させることができます。例えば、定期的なスタンドアップミーティング（立ったまま会議を進めること）の導入や、職責に応じたタスクの分担、プレゼン後のフィードバックの共有など、チームの協力と効率を向上させるパターンが含まれます。これらのパターンを適用することで、チームはよりスムーズに協働し、業務の効率化を実現することができます。

パターン・ランゲージは、チーム全体の共通言語として活用することが可能です。これにより、チームメンバー間のコミュニケーションがスムーズになり、問題解決やアイデアの共有が効率的に行えるようになります。さらに、この共通言語を用いて効果的なフィードバックや議論を行うことで、従来の方法や考え方に固執せず、新しい視点やアプローチで業務に取り組むことができます。これにより、従来よりも効率的に仕事を進めることが可能となり、更なる時短が実現します。

また、パターン・ランゲージを用いることで、チームの協調性やコミュニケーション能力が向上するというメリットもあります。過剰な気遣いをしないルールにしておけば、メンバー間の信頼関係が強化され、チーム全体として問題に対処する能力が高まるのです。これはタスクの達成にかかる時間を短縮し、業務の効率化を推進する結果となります。

さらに、パターン・ランゲージは個々のメンバーが自身のスキルや知識を最大限に活用することを可能にします。各メンバーが自分の得意分野を活かしながら仕事に取り組むことで、全体としてのチームパフォーマンスが向上します。例えば、「得意なこと」「苦手なこと」をチーム全員に共有しておけば、メンバーが助けを求めやすくなります。

パターン・ランゲージを活用した時短仕事術は、働く人々の働きやすさやワークライフバランスにも寄与します。より効率的な業務遂行によりストレスが軽減され、職場の雰囲気も改善します。これはメンバーの満足度やエンゲージメントを高め、組織全体として持続的な成長を促進します。

パターン・ランゲージを定着させるには、チーム全体で共有すべきパターンや手法を選び、それらを具体的な業務やプロジェクトに適用できるようにすることが重要です。例えば、ミーティングの運営にパターン・ランゲージを適用することで、議題の整理や意思決定がスムーズに行われ、ミーティング時間が短縮されるでしょう。

加えて、チーム内での理解を深めるために、定期的な研修やワークショップを開催し、メンバー同士で知識や経験を共有する機会を設けることをお勧めします。これにより、チーム全体の知識レベルが向上し、パターン・ランゲージの理解を深めることができます。

パターン・ランゲージを用いた時短仕事術は、効率的かつ効果的な業務遂行を実現するための強力なツールです。チーム全体で取り組むことにより、生産性の向上はもちろんのこと、メンバー個々の働きやすさやワークライフバランスの向上、そして抜本的な業務改善に寄与することができます。これにより、組織全体としての競争力が強化され、チーム目標を達成しやすくします。

**ココがポイント**

- 個人の能力に依存しない仕組みを作ることでチーム力をアップ
- 共通手法を浸透させることで業務改善、生産性向上に

## デリゲーションでチーム力アップ

あなたがリーダーであったら、メンバーを信じて任せてみてください。こうした権限委譲をデリゲーションと呼びます。メンバー個々人の業務量を適切に分散させることで、チーム全体の生産性と効率を向上させることができます。リーダーはうまく「手放す」ことで、自分の専門性や能力を最大限に活かすことができ、同時にメンバーの成長や自立を促すことができます。

デリゲーションを実践する際には、まず自分が担当している業務を洗い出し、どの業務が他のメンバーに委任できるかを検討します。その際、メンバーのスキルや能力、関心を考慮して、適切な業務を割り振ることが求められます。

業務を委任する際には、明確な目標と期限を設定し、進捗状況を自発的に共有できるようにすることが大切です。メンバーは新たな責任を通じて成長し、チーム全体のスキルセットが広がります。

しかし、デリゲーションを行う前に、過度なマイクロマネジメント（細かい管理）をやめてください。メンバーに業務を委任した場合、ある程度の自由度を与え、自主性を尊重することが重要です。これにより、メンバーは自身で問題解決の方法を考え、新しいアプローチを試す機会が与えられます。この結果、より効果的な業務遂行が期待できます。さらに、メンバーが自主的に業務に取り組むことで、チームのコミュニケーションが改善し、問題解決能力も向上します。

デリゲーションをうまく機能させるには、定期的なコミュニケーションが不可欠です。メンバーと定期的に対話することで、心理的安全性を確保し、適切なフィードバックを与えることができます。こうしてコミュニケーション頻度を高めることで、メンバーは自信を持って前向きに取り組むようになり、問題が発生した場合にも素早く対処できるようになります。また、リーダーとメンバーの信頼関係が築かれることで、チーム全体のコミュニケーションが円滑になり、業務効率がさらに向上します。

デリゲーションはリーダーだけでなく、組織全体にとっても重要な時短術です。組織がデリゲーションの文化を育てることで、メンバー全員が効率的に働くことができ、組織全体の生産性が向上します。このような環境では、働きがいを感じるメンバーが増えていきます。以上のことから、デリゲーションは最強の時短仕事術として、個人および組織にとって有効な手法であると言えます。

**ココがポイント**

- **デリゲーションとは、メンバーの成長を促進するために任せること**
- **適切な委任により〝自走するチーム〟を構築**

# "見せる化"でセルフDCA

仕事を進める上で、進捗の管理と共有は時短に必要なアクションです。これは一人ひとりの作業者だけでなく、チームで共同作業を進める上で、進捗を共有し合うことは欠かせません。つまり、進捗の「仕事の見せる化」が必要なのです。期限を過ぎてから間に合わないと言われたり、サポートして欲しいときに手を上げてアピールしないと協力し合うことができません。

「見える化」というより「見せる化」です。それは、自分の進捗を積極的に他のメンバーに見せていくことで、サポートや協力を求めることができます。また進捗を見せていくことにより、タスクが順調に進んでいるときは、リーダーからの細かいチェックを避けることができます。

自分だけで抱え込んでしまうと、必要な助けが得られません。そのため、優秀な社員は「見せる化」を習慣にしています。**自分の目標とその進捗を自分から見せることで、情報の透明性を高め、信頼性を向上させ、困難に直面したときに助けを得やすくします。**

例えば、「12月末までに達成するためにあと1名採用しないといけません。何とか頑張らないと！」と自分の目標と進捗を積極的に共有すると、「私が1名紹介してあげようか」「何か手伝えることある？」とチームメンバーが声をかけてくれることがあります。このように、目標と進捗を自発的に共有することで、チーム全体の協力を得ることができます。

「見せる化」は、単に自分の業務の進捗を周囲に伝えるだけでなく、自己管理能力を向上させます。**自分の業務の進捗を他人に見せることを意識することで、自己管理能力を磨くことができます。**

こうして「見せる化」を通じて、自身の業務の問題点を早期に発見し、適切な対策を講じることが可能になります。また、他のメンバーからのフィードバックを受け取ることで、

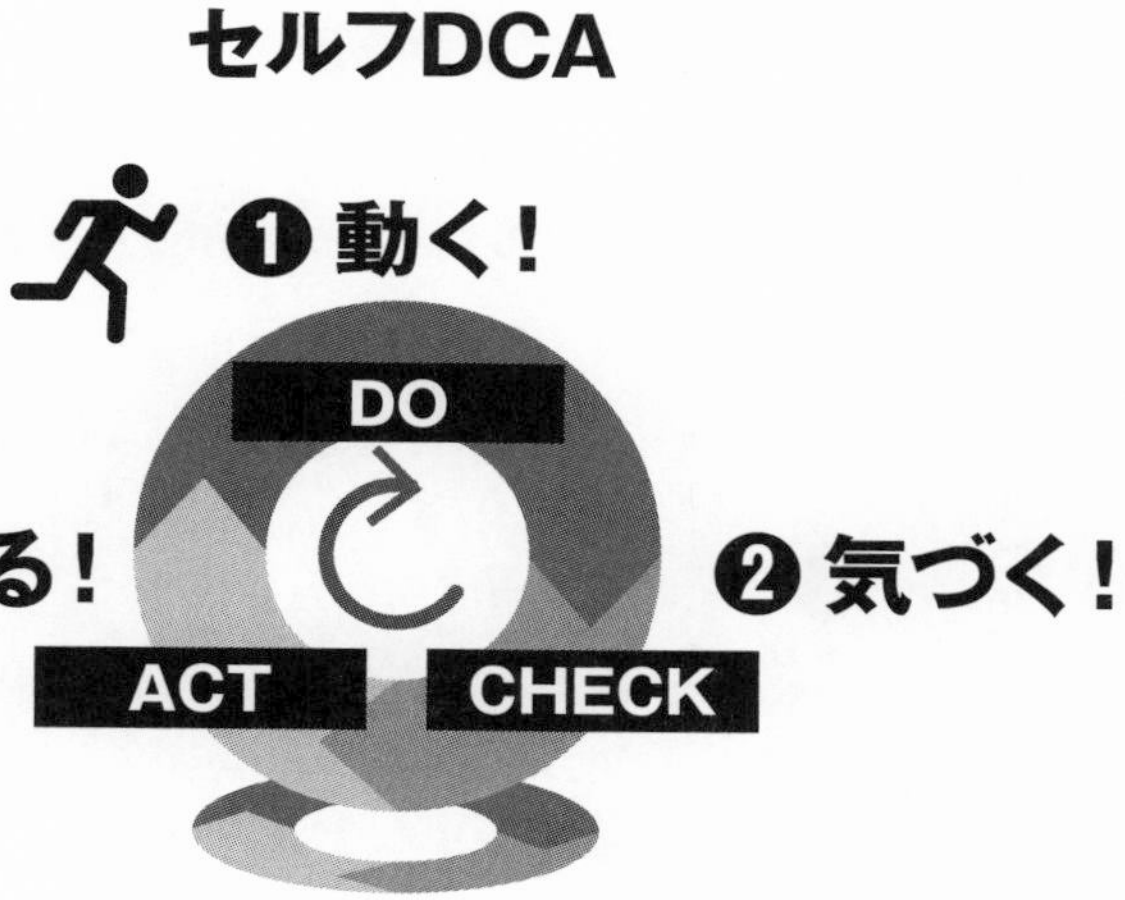


視野を広げ、新たな解決策を見つけ出すことができるのです。

目標達成に向けて前向きな失敗を繰り返し、その学びを次の行動に活かすことで業務の改善が進みます。実行しながら修正を重ねることが重要です。業務改善は失敗を成功に活かすプロセスそのものであり、ＰＤＣＡサイクルを速く回すことが求められます。

特に、変化の激しい現代社会に適応するためには、迅速な行動と大量の行動が不可欠です。**計画（P）に時間をかけ過ぎず、実行（D）と評価（C）を自分で進める「セ**

**ルフDCA」を実践することが求められます。**このPDCAサイクルを速め、繰り返すことで、組織の進化が加速します。

具体的には、プロジェクトやタスクの結果を評価（C）し、その学びに基づいて次の行動（A）を決定します。これを繰り返すことで、試行錯誤を通じて最適な解決策を見つけ出すことが可能になります。また、このプロセスを通じて得られた学びを次の行動に活かすことで、業務改善が進みます。

このセルフDCAを活用することで、効率化が進み、結果的に時短につながります。自身の業務やプロジェクトの進捗状況を定期的に振り返り、必要な修正を加えることで、業務の効率化と生産性の向上を実現します。また、このプロセスを通じて得られた学びを共有することで、チーム全体のパフォーマンスも向上します。

このセルフDCAサイクルを回すためには、自己管理能力が求められます。自分の進捗状況を客観的に把握し、必要な修正を自ら行う能力は、業務改善において不可欠です。また、この能力を身につけることで、チーム全体の進捗管理もスムーズに行えるようになります。
変化の激しい時代に適応するためには、スピードと行動量が不可欠です。Ｐ（計画）に時間をかけ過ぎず、実行と評価を自分で進める「セルフＤＣＡ」を実践しましょう。このサイクルを速め、繰り返すことで、進化が加速します。

**ココがポイント**

- 「見せる化」で周囲を巻き込み個人とチームの生産性がアップ
- セルフDCAで業務改善と自己管理能力がアップ

# オープンなコミュニケーションで会議と資料が減る

周囲の目を気にしすぎたり、同僚の顔色を気にしすぎると、必要以上に準備に時間をかけてしまいます。こうした過剰な気遣いをなくすことで、会議や資料作成にかかる時間を大幅に削減することが218社の行動実験で明らかになりました。まず、チームメンバー間で過剰な気遣いを排除するために、オープンなコミュニケーションを促す環境を整えます。会話や対話の機会を増やし、腹を割って話せる関係性を作りましょう。これにより、メンバーは互いの意見や提案を率直に交換できるようになり、問題解決や意思決定がスムーズに進みます。

また、オープンなコミュニケーションを心がけることで、会議の効率が向上します。議題に対して意見を述べやすい雰囲気が生まれるため、無駄な時間を省き、目的に沿った議論が進みます。会議の進行役は、適切なタイミングで意見を求め、議論をまとめることに注力します。また、会議前に議題と目的を明確に共有することで、メンバーが事前に意見を整理しておくことができ、会議の効率化につながります。

資料作成においても、過度な気遣いを排除することが重要です。資料作成にかかる時間を削減するために、明確なガイドラインを設け、必要な情報のみを簡潔にまとめるようにします。たとえば、チーム内でテンプレートを共有し、効率的に資料作成ができるようにすることも効果的です。

さらに、フィードバックのプロセスも大切です。率直な意見交換ができる環境を整えることで、資料の改善点や改訂が効率的に行われます。フィードバックの際も、具体的かつ建設的な意見を求め、資料のクオリティを向上させることができます。

気軽にコミュニケーションを取ることで、チーム内のストレスも軽減されます。メンバー同士の信頼関係が築かれ、より円滑な意思疎通が実現します。また、チームメンバーが互いに協力し合い、共同で問題解決に取り組むことができる環境が整い、新たなアイデアや斬新な解決策が生まれやすくなります。

オープンで率直なコミュニケーションが取れるチームを作るためには、リーダーシップが重要な役割を果たします。リーダーは、チームメンバーに対して、過剰な気遣いをせずに意見を自由に言い合える環境を作ることを意識しましょう。また、リーダー自身が率直な意見を述べることで、チームメンバーにもその姿勢が伝わり、過剰な気遣いのないコミュニケーションが浸透していきます。そのようなチームではメンバーのモチベーションが上がります。自分の意見が尊重され、受け入れられる環境で働くことで、自信を持って取り組めるようになり、結果的に個々のパフォーマンスも向上していきます。

気遣いをなくそうとすることは、一見難しそうに感じるかもしれませんが意外とシンプルです。まず、メンバー全員が自分の意見を自由に表現できる安全な環境を作ることから始まります。それにより、メンバーは意見を自由に述べ、他のメンバーの意見に対してもオープンになることができます。次に、リーダーはメンバーの意見を尊重し、それを認めます。これにより、メンバーは自分の意見が尊重されていると感じ、自信を持つことができます。

過剰な気遣いを取り払うことは、チームの健全な成長を促進します。メンバーが自分の意見を自由に述べ、それが尊重される環境では、メンバーは自信を持ち、自己成長を遂げることができます。チーム内でオープンで率直なコミュニケーションが実現できれば、それがチームの成長や発展の原動力となるのです。

ココがポイント

- オープンなコミュニケーションで円滑な業務処理を
- 個々の意見を尊重することで問題解決がスムーズに

# 最強チームが朝に行う3つのこと

**成果を出し続けているチームが過剰な気遣いをなくすためにやっていたのが、朝の3アクション＝「挨拶」「笑顔」「感謝」でした。**これらの行動は一見すると些細なことに思えますが、実はこれらの習慣がチームのパフォーマンスを大きく左右し、時短仕事術を可能にする重要なアクションなのです。

まず「挨拶」は、コミュニケーションの第一歩であり、人間関係の基盤となります。挨拶はお互いの存在を認識し、互いに尊重し合う行為であり、個々の存在承認欲求を刺激します。チームメンバーが互いに挨拶を交わすことで、一体感や連携が生まれ、チーム全体が一つにまとまります。また、**挨拶を通じて相手の様子や表情を確認できるため、メンバーの気分や状況を把握しやすくなり、必要に応じてサポートを行いやすくなります。**

次に「笑顔」は、相手に対する安心感を提供し、信頼関係の構築に寄与します。また、**笑顔がチーム内で広がると、ポジティブな雰囲気が醸成され、ストレスが軽減される効果があります**。これにより、チームメンバーはリラックスして仕事に取り組むことができ、結果として生産性が向上します。

最後に「感謝」は、チーム内の連帯感や協力関係を強化します。**感謝の気持ちを伝えることで、チームメンバー同士の絆が深まり、サポートが自然と行われるようになります**。感謝の言葉は、メンバーのモチベーションを高めるだけでなく、良い行動や成果を認め、行動承認欲求を刺激して働きがいが上がります。

これらの3つのアクションを朝に実践することで、チーム全体のエネルギーを一日の始まりに高めることができます。朝は一日の中で最も重要な時間帯であり、この時間に「挨拶」「笑顔」「感謝」を意識することで、チーム全体のパフォーマンスが向上します。これらを継続的に実践することで、チームの風土が良好なものに変わり、時短仕事術を実践しやすい環境が整います。挨拶や笑顔、感謝を日常的に行うことで、チームメンバー同士の信頼関係が強化され、メンバー間のコミュニケーションが円滑になります。

これらのアクションによって、チームは問題や課題に対しても素早く対応できるようになります。また、メンバー間の相互理解が深まることで、より能動的な協力が可能となり、チーム全体の効率と生産性が向上します。また、これら3つのアクションを実践しているチームは、より柔軟で創造的な発想が生まれやすくなります。

心地よい雰囲気で働ける環境が整えば、新しいアイデアや提案が生まれやすく、チーム全体とメンバー個人の成長が促されます。また、このようなチームが組織全体に広がることで、成果を出しやすくなります。

**挨拶、笑顔、感謝の3つの行動は、一見すると些細なことに思えますが、これらがチームのコミュニケーションや効率を大きく改善し、チーム全体のパフォーマンスを向上させます。**最強のチームは、これらの行動を繰り返し実践することで、高い生産性と効率を達成し、最強の時短仕事術を実現します。

ココがポイント

● ポジティブな朝の行動で円滑なコミュニケーションを実現
● チームの一体感と信頼関係がチーム力アップのカギ

# 第8章

# 集中力UP テクニック

集中力が高まることで仕事の効率が向上し、短時間で成果を出すことができます。集中力がアップすると、思考がクリアになり、タスクに対する理解が深まります。これにより、迅速かつ正確な判断ができるようになるため、効果的な問題解決やアイデアの創出が可能となるわけです。

また、集中力を維持することで、仕事に対するモチベーションが上がり、作業速度が上がります。作業スピードが高まれば、与えられた時間内に多くのタスクをこなすことができるようになります。タスクに集中して取り組むことで、無駄な時間を減らし、作業効率が飛躍的に向上するのです。

この章ではこうした集中力を高める方法を具体的に紹介します。

## シングルタスキングが最強の時短術

作業効率を高めるために、私たちはしばしば複数のタスクを同時にこなすマルチタスキングに頼ることがあります。しかし、このアプローチは一見効率的に見えるかもしれませんが、心理学、認知科学、神経科学の研究成果によると、むしろ生産性を下げることがわかっています。

マルチタスクでは、一つのタスクから他のタスクに移るときに必要な時間と労力を消費するため、生産性が低下します。これを「タスクスイッチングコスト」と呼びます（Monsell, 2003）。またスタンフォード大学の研究では、マルチタスクを頻繁に行う人は記憶力が低下し、注意力が散漫になり、タスクを完了するのに時間がかかることが示されています（Ophir, Nass, & Wagner, 2009）。さらに、ロンドン大学の研究によれば、マルチタスクを行うと、灰白質の密度が低下する可能性があります。灰白質は神経細胞の集合体で、情報処理や意思決定に関与しています（Loh & Kanai, 2014）。

これらの研究結果はマルチタスクによって記憶力と注意力が低下し、さらには脳の働きにまで影響を及ぼす可能性があることを示しています。これらの理由から、多くの専門家は一度に一つのタスクに集中するシングルタスキングを推奨しています。

シングルタスキングにより、ある特定のタスクに全力を注ぎ、最良の成果を出すことができます。このアプローチは、特に、複数のプロジェクトを同時に抱えている場合に有用です。各タスクが混ざり合うと、全体の優先度が見えにくくなり、効率的な時間管理が難しくなります。そこで、一つのタスクに集中することによって、効率と質の両方を向上させる方法をご紹介します。

まずは、自分が行うべきタスクの一覧を作成します。その中から最も優先度の高いタスクを選び、そのタスクに対して集中的に取り組む時間を設定します。その間は他のタスクに手を出さず、一つのタスクに全力を注ぎます。集中する時間は、自分が一度に集中できると感じる時間を基準に設定します。例えば、**45分間集中し、その後5分間休憩するというったサイクルが有効です**。このように一つのタスクに集中することで、全体の生産性が向上し、タスクを完了するまでの時間が短縮されます。

これは「深い仕事」の概念とも一致しています。深い仕事とは、一つのタスク脳が一つの問題に対して集中的に取り組むことで、より深い洞察や創造的な解決策を生み出す能力が高まります。脳が一つのタスクに全力を注ぐことで、より効率的に問題解決を行い、より高品質な結果を生み出すことが可能になるのです。

さらに、シングルタスキングは、仕事の質だけでなく、自身の成長や満足感にも貢献します。集中力は訓練すればするほど向上し、自分がタスクを完遂したという達成感は自己満足感を引き出します。これは、自己成長と仕事の満足度を向上させ、モチベーションを維持することを助けてくれます。

**ココがポイント**

- **マルチタスキングは効率とクオリティを下げる可能性も**
- **一つのタスクに集中する段取りと環境を整備することが得策**

# 快適な湿度こそが生産性のカギ

私たちが過ごす環境は、働く上での生産性や生活する上での健康、そして感情や気分に大きな影響を与えます。39社の行動実験で、作業の生産性に影響を与えるのは湿度であることがわかりました。湿度は温度に比べて見落とされがちです。しかし、湿度は働く環境を快適にするためには欠かせません。

湿度が適切でないと、体感温度が不快に感じられたり、健康面にも悪影響を及ぼすことがあります。例えば、**湿度が低いと空気が乾燥し、のどの渇き、肌の乾燥、目の疲れなどの症状が起こりやすくなります**。これらの不快な症状は、作業中の集中力を低下させ、結果的に作業効率を下げてしまいます。

湿度が高い場合は、蒸し蒸しとした不快感や発汗による衣類の汚れが生じやすく、ストレスが溜まりやすい環境となります。さらに、湿度が高いと熱中症のリスクも高まります。このような状況では、除湿器や空調設備を活用して湿度を下げることが効果的です。また、適度な休憩をとり、体の熱を逃がすことも重要です。

湿度と温度を同時に調整することで、より快適な環境を作り出すことができます。暖房を使用する場合には、適切な温度設定を行いつつ、除湿器を併用することで、湿度を適切に調整することが可能です。また、こまめに水分補給をすることで、体の乾燥を防ぎ、集中力を保つこともできます。

また、働く空間の換気も湿度調整に役立ちます。定期的に窓を開けて外気を取り入れることで、湿度のバランスが整い、快適な環境を維持することができます。特に、密閉されたオフィス空間では、換気が不十分であることが多く、湿度の適切な調整が難しい場合があります。しかし、適度な換気を心がけることで、湿度だけでなく、酸素の供給も改善され、作業効率が高まることが期待できます。

私は職場に必ず観葉植物を置いています。植物は、蒸散作用によって空気中の水分を調節し、適切な湿度を保つ効果があります。さらに、植物は酸素を供給し、二酸化炭素を吸収するため、空気の質を改善し、作業効率を向上させる効果も期待できます。**オフィスに適した観葉植物を配置することで、自然な形で湿度を快適な範囲に保ちながら、リラックス効果も得られます。**

湿度を適切に保つことで、作業効率が向上し、時短につながるだけでなく、健康面やストレスの軽減にも役立ちます。特に、季節の変わり目や気候の変動が激しい時期には、温度だけでなく湿度にも注意を払い、快適な環境を整えることが大切です。

**ココがポイント**

- **湿度の管理は、作業効率アップ、健康維持、ストレス軽減につながる**
- **湿度調整器具や観葉植物を活用し、快適な環境を**

# 整ったデスク環境で集中力を高める

作業に取り組む際、私たちの生産性と集中力は周囲の環境に大きく影響を受けます。その中でも特に重要なのが、作業をするデスク周りです。

タスクに取り組むとき、視界に入るものが多いほど、それらに対する注意力が散漫になり、作業の集中力を削ぐ可能性があります。**デスクの上に余計なものがあると、視線がそちらに移動しやすくなり、結果として作業に集中することが難しくなります。**

そこで、デスクの上を整理整頓することが求められます。必要なものだけを置くことで、視線が移動することなく、作業に集中することができます。例えば、デスクマットを使ってキーボードやパソコンを設置することで、視界に入るものが少なくなり、集中力を維持することができます。

著者のデスク周り

また、趣味の置物やペン、書類など、視覚に入りそうなものは離しておくことが効果的です。これらのものがデスクの上にあると、作業に集中するのが難しくなります。ですから、仕事に必要な文具や参考書などは手の届く範囲に配置して、必要なときにすぐにアクセスできるようにしておきます。

さらに、デスク周りの色彩も集中力に影響を与えます。私のデスク周りは、黒を基調としたシンプルで機能的なデザインにしています。これにより、無駄な視線の動きを抑制し、余計な情報から目を保護することができます。

集中力がある「できる社員」の中にはデスク周りを工夫している人が多くいます。視界を邪魔しないように白や黒でデザインを統一したり、電源コードを見えないように工夫している人もいます。**「できる社員」の作業スペースは、必要最低限のアイテムだけが配置され、余計なものは一切ありません。**これは、視覚的な混乱を最小限に抑え、必要なものだけに集中できる環境を作り出すためです。

このように、デスク周りの整理整頓は、一見単純な行為のように思えますが、その効果は大きいです。自分自身の心理状態にも影響を与えます。**余計なものがないデスクは、頭を整理し、新しいアイデアや解決策を生み出すための空間を提供します。**また、整理整頓された環境は、安心感を与え、ストレスを軽減する効果もあります。余計なものがない清潔なデスクは、作業を始めるときのモチベーションを高める効果もあります。

ココがポイント

● 整理整頓して視界をすっきりさせると集中しやすい
● 余計なものを置かないことで、集中を阻害する要素を減らす

# パソコンのデスクトップ画面は常にきれいにしておく

ＰＣのデスクトップ画面をきれいに整理整頓することは、作業効率を高め、時短につながります。ファイルやショートカットで散らかったデスクトップ画面は、必要なファイルやアプリケーションを見つけるための時間を奪い、集中力を散漫にします。

デスクトップの整理整頓は、要らないファイルやショートカットを削除することから始めます。これは、必要なアイテムを一目で見つけることができ、無駄な時間を削減するためです。また、整理整頓により、ＰＣの動作も軽くなり、作業効率が高まります。

次に、**ファイルやフォルダを適切に分類し、整理することが重要です。これにより、あなたが必要とするファイルを迅速に見つけ、必要なときにアクセスすることができます。**

ファイルやフォルダの分類は、プロジェクト、クライアント、作業のタイプなど、あなたの仕事の流れと一致するようにすると良いでしょう。

さらに、ファイルやフォルダはクラウドストレージと同期する設定にすることを強くおすすめします。これにより、パソコン内のフォルダに新たなファイルが追加されたとき、すぐにクラウドサービスにコピーがアップロードされてバックアップされます。これは、パソコンに何らかの不具合が発生したときでも、あなたの重要なデータが安全に保護され、作り直しの手間を省くことができます。

デスクトップ画面にショートカットを置くことは推奨しません。それは、画面を乱雑にし、必要なアイテムを見つける時間が増える可能性があるからです。ショートカットは、デスクトップではなくタスクバーに配置することをおすすめします。これは、Windowsボタン＋「数字」のショートカットで、即座にアクセスできるからです。例えば、タスクバーの左から４番目に電卓アプリのショートカットを登録しておけば、「Windows」＋「４」を押すことにより一発で電卓を起動できます。このように、頻繁に使うアプリケーション

図②　Windowsボタン＋「数字」のショートカットで、即座にアプリを起動

へのアクセスを高速化することは、作業効率の向上に直結します。

（図②参照）

**整理整頓されたデスクトップは集中力を維持しやすくなります。**これは、特に長時間の作業や高度な集中力が必要なタスクに取り組む際に効果を発揮します。

ファイルやアプリケーションの整理整頓は、環境を一新し、新たな気持ちで作業に取り組むきっかけにもなります。**整った環境は新しい視点を提供し、クリエイティブな思考を刺激することができます。**

**デスクトップ画面の整理整頓は、時短につながるだけでなく、作業効率や集中力の向上にも好影響を与えます。**不要なファイルの削除やフォルダの整理、ショートカットの適切な配置などにより、快適で効率的な作業環境を実現することができます。ＰＣのデスクトップは仕事の「顔」であり、整理整頓されたデスクトップは、あなたの生産性、効率性に影響を与えます。

ココがポイント

- デスクトップは邪心をなくす
- 不要ファイルの削除、フォルダ整理、タスクバーのショートカット配置で時短環境を

# 「不安」を取り払う3つの方法

仕事をする上で常に集中力を保つのは容易なことではありません。特に、精神的な不安があると、作業の手が止まってしまうことがあります。成果を出し続ける「できる社員たち」は、集中力を妨げる要因が主に精神的なものだと指摘しています。過去の失敗について繰り返し考えたりすると、精神的に不安定になり仕事に集中できなくなります。

誰もが悩みや不安を持っていますが、それを繰り返し考えることで精神的に悪影響を及ぼします。悩みを持たないことは難しいですが、悩みのメカニズムを理解し、それに対処する方法を知っておくことで、なるべく仕事に集中できるようにすることが可能です。

作業に集中するために、精神的に不安な要素を取り除く具体的な方法を3つ説明します。

**1つ目は、他の人があなたのことをそんなに見ていないという認識を持つことです。**自分の行動や発言が周囲にどう映るかという不安から来るものです。しかし、実際には、他の人たちは自分自身の生活や仕事に忙しく、他人のことをそんなに深く考えていないことが多いです。周囲は自分に対してさほど興味を持っていないと割り切った方がよいのです。他人の目を気にしすぎず、自分が何をすべきか、何が自分にとって大切かに集中することが大切です。

**2つ目は、得意なことに集中することです。**自己否定は、仕事に対する不安を増幅させます。そこで、自分の得意な領域に集中することで、自信を回復し、不安を緩和することができます。得意な領域で成功体験を積み上げることで、自己効力感が高まり、新たなことにトライしてみようという気になってくるのです。

**3つ目は、軽い有酸素運動です。**過去のことを考えてしまい仕事に手がつかないときは、**ウォーキングやジョギングなど30分以内の運動をすると良いです。**体を動かすことでストレスホルモンのレベルを下げ、気分を高める脳内ホルモンであるエンドルフィンを分泌します。これにより、不安感が軽減され、心地よい疲労感により集中力が向上することがあります。

不安要素を取り払うためには、少しだけ思考と行動を変えてみてください。未来の不確定性を恐れず、自己否定から自己効力感へと思考を転換することに慣れましょう。これらを実践することで、仕事に対する集中力を向上させ、精神的な健康を保つことができます。

**ココがポイント**

**●不安を持つのは当然。得意なことに集中するなどして不安をかわしていく**

# 第9章

# 休み方テクニック

時短仕事術を続けていくためには、休むときはしっかり休まないといけません。肉体だけでなく精神的にも休養し、心の余裕を持つことが大切です。なぜなら、私たちの心と体は深く結びついており、一方が疲労していると他方のパフォーマンスも低下するからです。仕事のパフォーマンスを最大化するためには、適切な休息が不可欠です。

この章では、心と体の休ませ方の具体例を紹介します。

## 心に余裕を持つ

「心の余裕」は仕事の効率と効果を維持する上で欠かせません。心の余裕があるということは、冷静な判断ができて、無駄なことに時間を費やす確率が減るからです。心が落ち着いていると、仕事を通じて出会うさまざまな問題や困難に対し、冷静かつ客観的に対処することができます。混乱やストレスに陥ることなく、解決策を見つけ出す力を養うことができるのです。

心の余裕があると、自分自身の能力に対する信頼感が増し、自己効力感が強まります。自分を否定することなく、自分の能力を認めることで自信が増し、仕事効率が上がるだけでなく、職場でのリーダーシップを発揮しやすくなります。自分自身を信じることで、困難を乗り越える力や新たな課題に取り組む勇気を持つことができ、これはチーム全体のパフォーマンスを向上させる結果を生むのです。

また、心に余裕があると良好なコミュニケーションを生みます。他人の意見を尊重し、異なる視点を理解することができます。すると、チーム内の調和を保ちながら、多様な意見を出し合い、より良い解決策を生み出すことが可能となります。これは自分自身の生産性を高めるだけでなく、職場の雰囲気を良好に保つことにもなります。

心の余裕を保つためには、自分自身の心と体の両方に対するケアが欠かせません。定期的なリラクゼーションタイムを設けることがおすすめです。一日の終わりに、好きな音楽を聞いたり、読書をしたり、散歩をしたりする「自分の時間」を確保してみてください。

これらの活動は心をリフレッシュし、翌日に向けてエネルギーを再充電するのに役立ちます。

また、**週末や休暇中には、趣味や家族との時間、自然の中で過ごす時間など、自分自身をリフレッシュするための時間をしっかり確保することも重要です。**こうした休息時間は、私たちが日々の仕事に取り組む上でのエネルギーとモチベーションを高める源になります。**自然と触れ合うことはストレスを軽減し、身体と心の両方をリフレッシュする効果があります。**また、家族や友人との質の高い時間を過ごすことは、社会的なつながりを実感でき、精神的な健康状態を保つのに役立ちます。

しっかり休んで心と体を労わることで精神が安定します。これにより、あなた自身が高いパフォーマンスを維持できるだけでなく、周囲の人にも好影響を与えます。精神的な余裕を持っている人と一緒に働く方がストレスを感じません。あなたの休息とリフレッシュが、あなた自身だけでなく、あなたの周囲にもプラスの影響を与えることを忘れないでください。**あなたの心の余裕が、チーム全体の生産性と効率性を高め、より良い仕事環境を**

**作り出すのです。**

仕事で突出した成果を出している2000人を調査したところ、せっかちな人は少なく落ち着いた感じの方が多かったです。「自分で自分を追い込むとミスが増えて、余計な作業を増やしてしまう」と答えた方が複数いました。心の余裕を持つことは、仕事で成果を残すために必要な〝あり方〟なのです。リラクゼーションタイムを設け、自己をリフレッシュすることで、高いパフォーマンスを維持し、チーム全体の生産性と効率性を向上させることができます。

**ココがポイント**

- **精神の落ち着きが仕事の効率を高め、良好な人間関係を作る**
- **心の休息で自己効力感を高めパフォーマンスを向上させる**

# 45分作業、1回休憩タスク完了の新ルール

時短を実現するために集中力を高めることはもちろん大切ですが、それを維持することの方が重要です。一回だけ集中力を高めるのではなく、その力を継続させることができるかどうかが、真の生産性につながります。

やる気があるときや体調が良いときに「仕事をさっさと終えてしまおう！」と士気が上がることはあるでしょう。しかし、それを継続させるのは難しいです。そのため、**優秀なビジネスパーソンは、仕事が乗ってきても敢えて手を休めて、こまめに休憩を取るルーティンを実践していました。**彼らは、3時間や4時間連続で集中することではなく、一日の中で集中できる時間を増やすために、休憩を定期的に取っていたのです。

脳の構造から考えると、長時間連続で集中することは無理です。左脳と右脳の疲労度を考慮すると、フルパワーで脳活動を続けることは難しいです。例えば、若くて体力があっても、エネルギーを使い果たすと動けなくなるのと一緒です。そのため、作業途中でも定期的に休憩を取ることが必要です。

2・1万人の再現実験の結果を参照すると、**45分の作業後に5分の休憩を取る方法をお勧めします。この45分単位の作業サイクルを繰り返すことで、一日に最大7セットの作業が可能になります。**これは約4時間の集中作業時間に相当します。4時間連続で集中することは現実的ではありませんので、休憩を敢えて入れた方が合計4時間の集中作業を行うことができます。ノルアドレナリン（注1）やドーパミン（注2）といった脳内ホルモンが分泌されやすく、作業に夢中になって時間があっという間に過ぎてしまいます。作業に夢中になるのは良いことですが、目的を忘れてしまうケースが増え、無駄なことに時間を使ってしまう傾向があることが39社の行動実験で判明しました。この「不要な夢中」から抜け出すために、45分経ったら一度作業を止め、休憩を取ることが重要です。この休憩は、脳をリフレッシュさせ、新たなエネルギーを得るための重要な時間です。

このように、45分作業と5分から10分の休憩のサイクルを繰り返すことは、集中力を維持するための一つの方法です。また、この作業スタイルは、体力やエネルギーレベルに関係なく一貫したパフォーマンスを発揮することを可能にします。集中力を維持するためのこの方法は、やる気がないときでも作業を始められ、また一日中にわたって効率的に作業をこなすことができるようになります。集中時間を7セット確保できなくても大丈夫です。1日に2セットの集中時間を確保できれば、効率と効果が向上したことを実感できます。

ただ集中するだけではなく、集中力を継続させるためには、作業と休憩のバランスを取ることが重要です。そして、そのための一つの有効な手段が、45分の作業サイクルです。

（注1）ノルアドレナリン

人間の神経伝達物質およびホルモンの一つ。ストレスや興奮状態を引き起こす神経伝達物質であり、注意力や覚醒状態を高める効果があります。これにより、短期的には集中力が向上し、タスクへの取り組みが活発化します。

（注2）ドーパミン

神経伝達物質であり、報酬や快楽、動機付けなどの感情や行動に関与するホルモン。適切に分泌されると、仕事への興味や意欲が高まり、タスクに集中しやすくなります。

**ココがポイント**

- 時短と効率性を追求するためには、集中力の維持が重要
- 疲れていなくても休憩を取ることで高いパフォーマンスを維持

# レジリエンスが高まる休日の過ごし方

仕事や家事、育児をする上で予想外のストレスが襲ってくることがあります。ストレスでダメージを受けてもしっかりと立ち直り、また前に進むことが求められます。レジリエンスとは、困難な状況に対処し、適応力を持って立ち直る能力のことを指します。レジリエンスが高いということは、困難な状況に直面してもパニックにならず、落ち着いて対処ができるということです。ストレスを適切に対処してリセットできれば、次の日の活力につながります。

レジリエンスを高めるためには、休日の過ごし方がとても重要です。休日時間を正しく活用することで、レジリエンスを高め、仕事においてもポジティブなエネルギーを持続させることができます。

休日にレジリエンスを高める方法として、まず最初にすべきは十分な睡眠を確保することです。睡眠は脳と身体のリカバリータイムであり、質の良い睡眠は、疲れをとり、精神的なストレスを解消し、エネルギーを回復させる効果があります。また、**睡眠は記憶の整理や情報の整理にも関わっており、良質な睡眠をとることで、次の日のパフォーマンスを向上させることができます。**

次に、趣味やリラクゼーションを楽しむこともレジリエンス向上に役立ちます。趣味を持つことで、自分自身と向き合い、自分の好きなことに集中することができます。これにより、自己理解が深まり、嫌なことを忘れている時間を増やすことができます。アイドルやアーティストを応援する「推し活」もそれにあたります。こうした時間をあらかじめ確保しておくことで心身のバランスを整えることができ、レジリエンスを高めます。

また、適度な運動もレジリエンスを高める要素として欠かせません。運動はストレスホルモンの分泌を抑える効果があり、気分をリフレッシュすることができます。特に有酸素運動は、心肺機能を向上させ、脳への酸素供給を改善することで、集中力を高める効果があります。これにより、日常の業務中でも集中力が続き、作業効率が向上します。

さらに、友人や家族との交流も、休日にレジリエンスを高める重要な要素となります。良好な人間関係を築くことで、ストレスを一緒に発散する場を設けやすくなり、孤立感や閉塞感からも逃れることができます。また、**他人とのコミュニケーションを通じて新たな発見や気づきが生まれることもあり、これが仕事のアイデアや問題解決のヒントにつながることもあります。**

そして、自己啓発やスキルアップに努めることも、レジリエンスを高める一助となります。新しい知識や技術を身につけることで、自分に自信を持ち、仕事に対する積極性が高まります。これにより、仕事の効率が向上し、時短につながることが期待できます。

休日はレジリエンスを高めるための大切な時間です。休日を過ごすことで、レジリエンスが高まり、時短仕事術を支える健康を維持することができます。良質な睡眠を取ったり、趣味やリラクゼーションを楽しんだり、適度な運動をしたり、人間関係を深めたり、自己啓発に取り組む。こうした時間を過ごすことで、レジリエンスを高め、日々の仕事に活力を持って取り組むことができます。

ココがポイント

- 復元力を養うことで、生産性の高い働き方が実現可能に
- 休日に心と体の疲れをリセットすれば再び前へ進むことができる

## 送信予約で同僚も休ませる

休養は自分だけでなく、チームメンバーへの配慮も必要です。そこで、同僚の休みを邪魔しない方法の一つとしての送信予約機能の活用があります。

送信予約とは、メールやビジネスチャットを受け取る時間を指定する機能です。つまり、夜遅くや週末といった休息時間にメッセージが届かないように配慮することができます。これにより、受け取り側はプライベートな時間を邪魔されることなく、休日に働くプレッシャーから解放されて、精神的にしっかり休むことができます。

こうしたチームメンバーへの配慮は、組織全体の生産性や働きやすさを向上させることにつながります。個々のメンバーが心地よく働ける環境は、個人のパフォーマンスだけでなく、チーム全体の成果にも寄与します。これは、自分自身と他人を尊重することの表れであり、その結果、良好な職場環境が生まれると言えるでしょう。自分だけが効率的に働くのではなく、同僚の働き方や休息時間にも配慮を持つことが重要なのです。

送信予約機能を活用する際には注意点もあります。送信予約を理由に自分自身の作業時間を無意識に延ばしてしまうという罠があります。例えば、送信予約機能を使うことで、夜遅くまで働いてしまう習慣がついてしまうと、自分自身の休養時間が奪われ、ストレスや疲労が蓄積する可能性があります。

そこで、仕事の時間管理に加えて、自分自身の休息やリフレッシュの時間も大切にすることが重要です。適切な休息を取ることで、自分自身のパフォーマンスを維持・向上させることが可能になり、長期的に見て仕事の効率化につながります。

休日中であっても自分自身と他者を思いやることが大切です。時短仕事術の継続には、自分自身のパフォーマンスを維持するだけでなく、チームメンバーの働き方や休息時間も考えてあげないといけません。

ココがポイント

- チームの生産性アップには同僚の力が必要
- 自分だけでなくチーム全体がリラックスして休める配慮を

# 目と心を休ませるデジタル・デトックス

時短仕事術を会得するために、デジタル・デトックスがおすすめです。デジタル・デトックスとは、スマートフォンやパソコンなどのデジタルデバイスから意識的に距離を置くことを指します。

私たちの心と脳は絶えずデジタルデバイスを介して情報に晒《さら》されています。押し寄せる膨大な情報は、私たちの脳に大きな負担をかけ、疲労やストレスの原因となることがあります。そこで、デジタル・デトックスによって、脳に適度な休息を与え、思考を整理する時間を意図的に作るのです。

デジタル・デトックスは、就寝前のスマホ使用を控える、週に一日デジタルデバイスを使わない日を設けるなど、さまざまな形で実践することができます。また、休憩時間に散歩をするなどして、五感をデジタルデバイスから解放する時間を作るのも良いでしょう。

**デジタル・デトックスの最大の効果の一つは目を休ませることです。**長時間のスクリーン使用は、目の疲れやドライアイを引き起こす原因となります。**デジタル・デトックスによってスクリーンを見ない時間を作り目を休めることによって、メリハリをつけて仕事をすることができます。**

デジタル・デトックスの実践は、思考の整理や新たな視点を得ることを可能にします。デジタルデバイスから離れることで、脳は深層思考や創造的思考を行う余裕を得ます。これにより、新たなアイデアを生みやすくするのです。

私たちの生活は、ますますデジタル化されています。しかし、それが意味することは、私たちがデジタルデバイスに依存することではなく、それを効果的に利用する方法を見つけることです。デジタル・デトックスは、その一つの手段であり、私たちの生活と仕事の質を向上させるための行動実験の一つです。

ココがポイント

●デジタル機器はあくまで手段。ときには距離を置き、心と脳を休める

# おわりに

本書を最後まで読んでいただき、誠にありがとうございました。あなたの大切な時間を投資して頂いたことに心から感謝申し上げます。

私が本書を通じて提供したいと思っていたのは、ただの時短テクニックではありません。それは「時短」という枠を超えた、仕事だけでなく人生全体を豊かにするための視点や考え方です。

時短仕事術は、仕事に費やす時間を減らすだけでなく、自分自身の能力を成長させ、キャリアの発展に寄与することになります。

時短仕事術の実践により、私たちの生活が豊かになります。また、より効率的に働くことで得られる時間を、自己啓発や趣味、家族との時間、そして何より自分自身の健康と幸せへと投資することが可能になります。これが本書の一番の目的です。

時短仕事術がその効果を発揮するのは、本書を読んで意識が変わったことではなく、実際に行動に移すことからです。

本書によって得た知識を、すぐにあなたの仕事に生かしてください。時短仕事術は一朝一夕で身につくものではありませんが、地道な努力を積み重ねることで、確実に成果を出すことができるでしょう。

ただし、本書で紹介したテクニックのすべてが、すべての人に適しているわけではありません。それぞれの職場環境や性格、仕事の内容により、最も適した時短仕事術は変わるでしょう。ですから、本書で紹介した46の時短仕事術の中から、自分に最も合ったものを見つけて試してみてください。

あなたがご自身の時短仕事術を見つけ、より充実した時間を過ごすことができるようになることを心から願っています。時短仕事術の旅はこれからです。新たな知識とともに、あなたの人生がさらに豊かなものになります。

大丈夫。あなたはいつも頑張っている。だからこそ、その頑張りが報われて欲しい。大丈夫。あなたは頑張り方を少し変えるだけで成果が出るから。最後まで読破したあなたならできますよ！

越川慎司

**越川慎司（こしかわ・しんじ）**
株式会社クロスリバー　代表取締役
国内外通信会社に勤務し、2005年にマイクロソフト米国本社に入社。のちに業務執行役員としてPowerPointやExcel、Microsoft Teamsなどの事業責任者。2017年に株式会社クロスリバーを設立。世界各地に分散したメンバーが週休3日・リモートワーク・復業（専業禁止）をしながら800社以上の働き方改革を支援。著書25冊。フジテレビ「ホンマでっか!?TV」の準レギュラーなどメディア出演多数。「タイムマネジメント」や「資料作成術」などのオンライン講座を年間400件以上提供、受講者満足度の平均は96%以上。

講座のお問い合わせはこちらのURLへ
https://cross-river.co.jp/

**最強《さいきょう》の時短仕事術《じたんしごとじゅつ》46**
**年間《ねんかん》500時間得《じかんとく》する！ 超絶《ちょうぜつ》テクニック**

2023年 8 月 16日　初版発行

著　者　　越　川　慎　司
発行者　　和　田　智　明
発行所　　株式会社　ぱ る 出 版

〒160-0011　東京都新宿区若葉 1-9-16
03(3353)2835 — 代表　03(3353)2826 — FAX
03(3353)3679 — 編 集
振替　東京 00100-3-131586
印刷・製本　中央精版印刷（株）



ISBN978-4-8272-1409-3　C0034